U0001682

THE CHILD'S CHANGING CONSCIOUSNESS

從孩子的天性開始

從了解孩子的意識發展
給予符合天性的教育模式

華德福教育創始人
魯道夫‧史代納（Rudolf Steiner）—— 著
華德福資深教師 **徐明佑**—— 譯

THE CHILD'S CHANGING CONSCIOUSNESS

從孩子的
天性開始

從了解孩子的意識發展
給予符合天性的教育模式

作者：魯道夫‧史代納（Rudolf Steiner）│譯者：徐明佑

小樹文化股份有限公司
社長：張瑩瑩│總編輯：蔡麗真│副總編輯：謝怡文│責任編輯：謝怡文
行銷企劃經理：林麗紅│行銷企劃：蔡逸萱、李映柔│校對：林昌榮
封面設計：周家瑤│內文排版：洪素貞

讀書共和國出版集團
社長：郭重興│發行人：曾大福
發行：遠足文化事業股份有限公司
　　地址：231 新北市新店區民權路 108-2 號 9 樓
　　電話：(02) 2218-1417 │ 傳真：(02) 8667-1065
　　客服專線：0800-221029 │ 電子信箱：service@bookrep.com.tw
　　郵撥帳號：19504465 遠足文化事業股份有限公司
　　團體訂購另有優惠，請洽業務部：(02) 2218-1417 分機 1124

特別聲明：有關本書中的言論內容，不代表本公司／出版集團之立場與意見，
文責由作者自行承擔。

法律顧問：華洋法律事務所 蘇文生律師
出版日期：2023 年 3 月 29 日初版首刷

ISBN 978-626-96756-9-2（平裝）
ISBN 978-626-96756-8-5（EPUB）
ISBN 978-626-96756-7-8（PDF）

國家圖書館出版品預行編目資料

從孩子的天性開始【兒童的心智 & 意識發展‧華德福教育精髓】／魯道夫‧史代納（Rudolf Steiner）著；徐明佑譯 – 初版 – 新北市：小樹文化股份有限公司 出版；遠足文化事業股份有限公司 發行，2023.3 面；公分

譯 自：The Child's Changing Consciousness: as the basis of pedagogical practice

ISBN 978-626-96756-9-2（平裝）
1. 史坦納（Steiner, Rudolf, 1861－1925）2. 兒童發展 3. 教育哲學 4. 文集

520.148　　　　　　　　　　　　　　111021557

First Published in German under the title *Die pädagogische Praxis vom Gesichtspunkte geisteswissenschaftlicher Menschenkenntnis*

All rights reserved 版權所有，翻印必究
Print in Taiwan

小樹文化官網

小樹文化讀者回函

看見教養上根本的原則
與顛撲不破的道理

文／陳琪瑩（人智學自力研究者）

　　魯道夫・史代納以人智學（Anthroposophy）的角度與態度，透過一系列對教師的演講，給出「如何發展出對應著人類本質的身、心、靈教育」。

　　唯有進入過又離開了智性科學，不再被智性科學（的抽象、誤謬）拘泥，真實進入「『心』的力量」，人類才有未來！

　　在人智學裡，學名或術語並不重要，因為學名或術語，會讓人執著於表面，反而抑制了對事物真正而深入的認識；而真正的本質，永遠重於枝微末節！

　　如果無法「以人智學的研究」了解人，教育將成為一種不著邊際的抽象概念；當從事著教育與養育，卻缺乏對人真實的興趣，教育就難以從零碎的片段走向整體。

從「靈－心」的直覺，才能接近孩子

　　身、心、靈編織著，卻未必每階段同步、各年齡同樣；個人的生命以前期映照後期，「從前」為著「以後」準備：生命前期的失衡與失誤，將誘發後期的疾病——教育的前提，是以醫理而人智的背景，對孩子進行教育，幫助孩子長成之後的存在，能健康而完整。當無法由靈性入物質、再由物質入靈性，生命就因殘缺而失敗！

7年期的循序漸進讓孩子成為截然不同的存在，**唯有不直接濫用教學理論、學說或知識於孩子，反而以「靈－心」地直覺，才能接近孩子、走入孩子——教學是一種精準卻自然地反應與回應，以靈引心，以心帶身**[1]。

　　初入世的孩子靈心合一，所以孩子接受到的（食物）味道會深入蔓延，影響到整個孩子——母乳因此能為孩子的整個存在滲透入完整的宇宙——孩子以全身性存在感受著、感官著，不像成人只局限在特定的感覺器官之上。

　　當所有感官都能深入工作於孩子、扭曲著孩子，孩子生長的環境就異常重要，不可等閒視之；孩子內在性地（無條件）模仿與仿製並保留外在，讓自己向外在敞開，虔誠地將自己敬奉於世界：當孩子的身體成為「宗教（性）」，環境也必須成為宗教，帶著宗教的神聖（宗教性的元素與情懷會滲入血液系統最細微、銜接神經系統之處）——「環境」遠遠重要於「遺傳」，環境有著形塑、雕鑿孩子的力量！[2]

「以身作則」讓我們與孩子形成心魂連結

　　成長中的孩子，**「學習走路→學習說話→學習思想」才是正確順序的養育**；一旦次序顛倒，孩子將言語於表面——言語的力量無法在整體存在中生根，從而難以真正思想。

　　雙腿步行的節奏將身體與外在世界連結上了「內在－心魂」；走路讓孩子在宇宙中練習平衡出能動、能靜的自己，並從完全被地

1　人與動物不同之處在於：生命的頭3年，動物將自己頑固地封閉在自己之內，專才而優秀；人卻將自己完全交付給外在世界，失能而脆弱。

2　孩子吸收環境裡語言中的心魂成分，成人的語言能輕易透過心魂作用影響到孩子的整體生命——成人的狀態造成孩子失常、疾病的反應。

球重力加壓的束縛中釋放出雙手，以及雙手的能力，實現自己、也服務世界——雙手親緣心魂，雙腳服務身體[3]。

直立行走、手臂能自由活動將孩子內在傾向動物性的發聲器官，打造成人類說話、言語的器官，而能表達出存在的細緻與神聖——孩子透過環境吸收著所有作用於音聲的元素，成為自己內在器官的潛能與樣態：粗嘎讓器官糙鈍，溫柔讓器官精緻……孩子讓自己被周圍的語言及母語銘印；當個人能精熟愈多種語言，內在器官就愈有能力完整——**人以向外在世界的同化與適應，雕琢「身體－生理」的內在。**

孩子的本質必須透過說話來學習如何（圖像性地）思想：孩子在感知音聲之時，四肢會直覺地學習起內在所模仿出的聲音，然後才升起思考——孩子性的思想，主要是讓自己連結起外在世界與過程的圖像，允許圖像從自己內在升起[4]。

人類內在的器官是動物力量集體心魂的輻射：鷹的力量推出頭顱（思想）；獅的力量推出心臟（情感）；牛的力量推出生殖器官（言語－表達）。

孩子換齒之後，帶給孩子的話語必須充滿畫面與圖像，因為孩子活在語言帶入的「藝術－圖像」元素之中，而能激發起記憶的潛力——換齒之後的孩子才能真正記憶起事物。

「以身作則」，並讓（身為教師與父母的）自己與孩子形成心魂性的連結：讓孩子第一個7年的世界「善」、第二個7年的世界（圖像性

3　行走時若手臂無法和諧晃動，孩子的語調會呆板、乏味；若指觸敏銳，孩子將能在語言中發展出正確、因時制宜的音量。

4　言語的四肢生命讓孩子能夠發音（出聲），言語的頭顱生命讓孩子能夠指稱並命名，言語的胸腔生命讓孩子說出了話，開展出自己的社交性、社會性與社群性。

地)「美」、第三個7年的世界「真」。

意識到我們正教育與養育著未來的人

當生命不斷地錯過（恰當的時間點），生命進程會推遲，讓存在滯後；《從孩子的天性開始》，讓教師與父母對孩子從出生到長成，有了基礎的掌握。

教育需要愛，更需要明智的判斷、長遠的眼光：意識到自己正教育與養育著未來的人，而孩子在離你而去之後，也將教育與養育著更未來的人……以這樣的眼界，在自己的教育與養育上取捨、斟酌：**讓自己的決定不是最普遍、最容易、最受歡迎的決定，卻是對孩子最正確的決定。**

人智學的看見與理解，讓我們對「『人』的存在」有更清晰的圖像，教育與養育也是一條靈性（修行）之道：學會看到孩子，也看見自己，而能真實、明晰、溫暖，在生命與生活裡真正去蕪存菁！

《從孩子的天性開始》說出了教養上根本的原則、顛撲不破的道理，值得願意「人智地」認識「人」的所有人閱讀、沉思、擁有。

從書中，看見對教育從理想到現實的深切反思

文／徐明佑（華德福資深教師、本書譯者）

　　這本書從我在華德福學校擔任一年級導師時就陪伴著我，是我班級經營以及親師溝通的寶典。當時有直覺也有意志力的讀完一到八講多次。我發現這本書，與當時史代納博士在德國第一所華德福學校開學前，為了培訓老師所給予的演講集的不同之處——從理想到實現的深切反思！

　　從1919年第一所華德福學校開學，到1923年華德福學校要預備開辦高中十二年級，這將近四年之中，有不同年級學生的轉學問題，還有高中生準備上大學的議題，可以感受到史代納博士非常關心這些同學，不是用堅持自身理想的冷酷態度，而是溫暖且關懷的回應。**簡而言之，9、12、14歲的華德福學生要能夠在轉學時，滿足進入其他體制內學校所要求的學習標準。**史代納博士也不諱言，這在華德福學校12歲之後的課程中會很難做到，所以他在這本書中說：

　　「如果想要將華德福教學法融入當前的社會條件中，就必須忍受『必須去做某些事情』，且這些事情本身不會被認為是正確或有益的。檢視過我們最高年級的人，都可能會對此留下深刻的印象——那裡所發現的，與華德福教育學所申明的理念並不完全相符。但我可以向你保證，如果不顧大局實現這些理想，所有畢業考生都會失敗！」

我們是否仍留在「百年之前的舊時代意識」

　　2011年，我開始擔任華德福一年級班導師一直到學生九年級畢業，台灣的升學制度在短短十幾年之間有了很巨大的改變，這對學生來說是不是一件好事？目前還很難下定論，因為史代納博士提到最困難的14歲階段，是台灣的國中教育。台灣的國三生還得面對升高中的考試，這個階段就不像目前的大學招生方式如此多元。國中生的身心靈如何被周全的照顧到，我們能做什麼？我想答案就在這本書中！也期待這本書的出版能成為未來國中小教改的推動力量。

　　為什麼我要從這麼現實的角度出發，因為史代納博士在這個演講集之前幾個月，才剛面對他與眾人齊力打造的第一棟歌德館[1]被放火燒毀，是多麼令人感到心痛！人的心到底發生了什麼事？為何情感被困鎖、行動不道德，而這殘忍的思想從何而來？史代納博士在這一系列演講中，不談人智學的理論，而是從大家都可以理解的生活情境出發。他用很多例子與提問，讓我們重新思考人與教育的本質是什麼？於是我們有機會反思自己的思想、情感與意志特質，是不是仍然屬於這個演講集中所講的「百年之前的舊時代意識」？

　　我會說：「是。」百年之前印度詩人泰戈爾[2]接受教育的方式，以及內心所受到的衝擊，仍然普遍存在於今日，因為我們沒有敏銳度去感受孩子，也不了解孩子的身心靈發展，只能在時代盛行的風氣中，從善意出發，盡我們所能給予孩子我們認為最好的事物。孩

1　編注：歌德館位於瑞士多納赫地區（Dornach），為魯道夫‧史代納與眾人齊心打造的一座建築，期望發展如植物般的有機建築風格。首座歌德館於1913年建造完成，然而在1922年末與1923年元旦間被大火摧毀。第二座歌德館要到1928年才建造完成。
2　泰戈爾（Rabindranath Tagore, 1861－1941），印度詩人、小說家，曾於1913年獲得諾貝爾文學獎。

子有很細緻的感受，如果我們能做到體貼的與他們交心，那我們提供給孩子的教育內容之選擇與採用，必定會比電影分級更細緻十倍。

我們是否真的有意識的，
適性細緻而溫暖的對待兒童

　　史代納博士本身是科學家，他贊同科學的開展，在書中舉了很多科學教育的例子。百年之後的今天，西方已經有足夠的研究可以證明他的論述。但如果我們回頭看中小學的學習內容，其實大部分還是換湯不換藥。而教育要能整合「最新科學研究所看到的整體生態視野」以及「兒童內在情感的細緻發展」，仍然還有好長、好長一段路。如果你願意讀這本書，也許你會帶著會心一笑，但有時候也會帶著驚恐，因為這是真實生命的省思，是我們適性細緻溫暖對待兒童的起點。

　　適性細緻而溫暖的對待兒童，說起來很簡單，但我們真的有意識的完全做到嗎？因為自己曾擔任多年的幼兒教師，我完全能認同史代納博士詮釋孩子的內在如何升起不滿，這種潛意識長期累積的效果，就是我們當代社會正在收成的果實——躁動不安的人們。我們期待幼兒認真專注學習的眼神，這會讓我們欣喜，但幼兒只有在吸收身心靈發展所需要的教育活動時，他們的眼神才會像嘗到美味食物般煥發光彩。**因為幼兒天然的信任我們，所以他們願意專注學習大人所給的抽象知識，但是當知識不是來自於親身體驗與逐漸開展的意識需求，幼兒無法抗拒那潛意識中的內在不滿**，這也是這個時代需要更多心理諮商師的原因。

真實與孩子互動的基礎，所創建的百年教育理論

　　史代納博士的身心靈教育理論，並不是在學術界的象牙塔中誕生，因為他從小學開始擔任家教一直到大學畢業之後，所以他的教育論述都有與孩子真實的互動基礎，而不是憑空的發想。也因此，這個教育系統才能流傳百年，在世界各地繼續增生。

　　時序進入2023年，經過疫情三年的肆虐，人們對於靈性學習的渴求也愈來愈強烈。史代納博士的引導，讓我們看見孩子豐富的內在，而使我們自身謙虛，這將創造了一種新的可能性，讓孩子引領我們步入未來身心靈的滋養生活，願我們攜手前行！

從魯道夫·史代納的演講集，
理解孩子的天性並給予適切的教育

文／小樹文化編輯部

　　本書收錄華德福創始人魯道夫·史代納於1923年，在瑞士多納赫地區為教師與對華德福教育有興趣者的9場講座內容。

　　魯道夫·史代納的演講中，涵蓋了許多透過靈性科學、人智學而獲得的教育體悟，許多概念都必須經由自我深思與體會，才能真正理解其中心概念。由於演講內容相當冗長，為了讓讀者在閱讀時，能夠更清楚、容易理解史代納演講時的重點與精髓，編者在各篇章中，依照文句重點，將單篇演講內容適當分段，並且增加各段的標題、重點標示，以及增補注解。希望透過這樣的編排，讓更多對華德福教育有興趣者，能夠理解史代納的演講重點。書中也清楚標明英文版與中文版中，編譯者的注解，希望能讓讀者不單只有閱讀史代納的演講內容，在遇到特殊專有名詞與教育概念時，能夠利用增補的注解，更方便、清楚了解其深層的涵義。

回顧百年教育最初的本心

　　史代納在百年前便運用那靈性的洞見，體悟到物質主義對人類成長的危害。希望透過人智學對人類最真實、務實、深刻的理解，從而發展對孩子教育、教養上的體悟。當我們用最虔誠的態度，將孩子視為一個獨立的個體，並且用好奇的心，探索這個神祕的生命

之謎，才能真正看見孩子需要我們提供什麼樣的成長環境、給予最適當的教養與教育。

編者也要再次提醒所有讀者，史代納曾於自傳中說過的一段話：「不要盲目相信這本書告訴你的東西，要自己去經驗；經驗後覺得是對的，才可以相信。」

教育不該盲目的聽從外界提供的教育建議，而是要我們親自去嘗試與體會，理解這樣的教育方式的確對孩子是有益的。因此，出版這本書的宗旨，並非為了讓我們檢視自己是否符合史代納曾說過的教育建言。而是希望能藉由這本書，探索教育最深的洞察，從理解給予孩子適切而細緻溫柔的教育。

華德福教育創始人——
魯道夫·史代納的一生

文／小樹文化編輯部

　　1861 年，魯道夫·史代納出生於當時的奧匈帝國克拉列維察地區。他的父親約翰·史代納（Johann Steiner, 1829 － 1910）為鐵路公務員、母親法蘭契絲卡·史代納（Franziska Steiner, 1834 － 1918）婚後便留在家中照顧孩子、打理各式家務。

　　身為家中長子，史代納還有妹妹萊奧波爾迪娜·史代納（Leopoldine Steiner, 1864 － 1927），以及出生便喪失聽覺也無法說話的弟弟古斯塔夫·史代納（Gustav Steiner, 1866 － 1941）。由於父親工作的關係，全家必須在當時的奧匈帝國境內不斷搬家。以當時的社會來說，史代納一家的收入並不豐足，加上失聰的弟弟需要長期照顧，這樣的身分背景，對當時負有盛名的知識分子圈裡，史代納無疑是個相當特殊的存在。

　　而在這樣貧苦的生活條件下，僅有教育，才能讓史代納能夠在成年後進入當時的知識分子圈、脫離現有的生存環境。於是，儘管家中的經濟不是相當理想，但是史代納的父親約翰·史代納，卻相當重視孩子的教育，一到義務教育年紀，便將史代納送往村子裡的小學上課。

　　值得一提的是，史代納的父親除了重視孩子能否受學校教育，也同樣重視教育品質。當史代納進入小學幾週後，卻因為背黑鍋而遭受懲罰。這讓史代納的父親相當憤怒，也毅然決然的幫史代納辦

© Croq @Wikimedia Commons

◀魯道夫‧史代
納出生的房子

理退學，並在忙碌的工作之餘，親自在家教導。

史代納也曾提到關於父親對於體罰的反應：

「在擔任『輔祭童』期間，我必須協助彌撒聖祭、下午禮拜、喪禮、基督聖體節等儀式進行。早上，包括我在內的幾位輔祭童在擔任輔祭工作時遲到。在這所學校，遲到的學生都會被體罰，我當時就對這樣的做法深惡痛絕，懂得躲避體罰，也總能適時的躲開……不過我的父親一想到他的孩子必須遭受體罰就會暴跳如雷，他說：『這些教會輔祭會的事情到此為止，不准再去。』……」

而注重教育的約翰‧史代納，甚至在居住於維也納新城附近的諾伊多佛鎮期間，也親自為村子裡的其他孩子與史代納上「特別輔導課」，並且讓史代納能夠到維也納新城較高等學校就讀。這對當時史代納一家的經濟能力來說，是相當不容易的事情，由此可知，史代納的父親對於教育的重視。

兒童時期：開啟與靈性世界的緊密接觸

由於父親工作的關係，年幼的史代納跟著家人四處搬家，也因此讓他無法對當時居住的地方產生歸屬感。由於無法融入當地的環境，加上父親在車站工作，年幼的史代納便時常自己步行到車站去找父親，一座座的火車站成為了史代納的童年記憶，而史代納前去車站的途中會經過森林，年幼的史代納便在森林裡遊玩、摘野花、野果，與森林仙子、地精玩耍。據說，這樣的親身經歷，正是華德福教育裡的精靈故事原型。

7 歲時的某天，史代納在車站裡看見母親的遠方姊妹自殺的景象。史代納寫下了對這段經驗的描述：

「我母親的姊妹以悲慘的方式結束了生命（自殺），她當時所住的地方離我們家非常遠，我父母對此事還一無所知。當時我人坐在火車站的候車廳，卻看到了整起事件的經過。我在父親和母親面前略提了幾次，但是他們卻只是說：『你這個蠢孩子。』過了幾天，我看到父親收到一封信後變得若有所思。又過了幾天，父親趁我不在的時候轉告母親這件事，母親為此哭了好幾天，而我是直到幾年後才得知這個令人悲傷的消息。」

而這段經歷，正是史代納第一次的靈性體驗，然而從父母的反應中，也讓他體會自己所看見的景象，是無法與家人分享或討論的。或許正是這些童年經歷，讓往後的史代納邁向靈性科學領域。

幼年的史代納並沒有表現出特別的學習能力，甚至有學習障礙的情況。然而，由於 9 歲的時候，他在教室裡發現了幾何學書籍，並且從中找到自己對靈性體驗的立足點。史代納也寫下：

「我期望能告訴自己，靈性世界的經驗正如物質世界一樣、並

非虛幻，我認為幾何學可以幫助我們獲悉那些通常只有心的本身藉助其自身力量才能體驗到的事情……我的腦中有兩種覺察，雖然尚不明確，卻已經在我 8 歲之前的心生命發生重大的影響。對我而言，這個世界可以分成一般人可以看得到，以及一般人看不到的事物與生命。」

爾後，史代納的學習狀況漸入佳境，但是在中學時期，也發覺到學校老師都只是照本宣科的講解，於是便自己買書自學。甚至在這個時期，便已經研讀過康德的《純粹理性批判》(Kritik der reinen Vernunft)。然而，透澈了解了康德在書中對於「思維」的見解，並沒有真正解答史代納對於「思維如何真正闡明自然界」的疑問。他認為：

「存在於萬事萬物之中的，必然根植於人的思維裡，我一直這麼告訴自己。」

自此，史代納的觀點與康德的靜態觀察法產生了衝突。

對於正值以「唯物形式詮釋自然界」的唯物論潮流中的年輕人來說，史代納同樣順應著社會潮流，並且沒有立刻加以反駁。但是對他來說，靈性的真實性就跟幾何學的直觀特性一樣不言自明。自然與靈性之間是什麼樣的關係，他抱著這樣的疑問，結束了中學生涯。

形塑哲學觀：與德國大文豪歌德的緊密關係

1879 年，史代納首次來到維也納，為了到維也納帝國理工學院就讀。這時候的史代納依舊嘗試從哲學世界，理解自己的內在性問題。然而由於經濟因素，他同時也努力求學，為了賺取獎學金，以

▲學生時期的史代納
（1882 年攝）

▲卡爾・尤利烏斯・施勒埃爾，
讓史代納與德國文豪歌德有了緊
密的關聯

供給自己的基本生活所需。除此之外，他的興趣廣泛，在維也納這
座華麗炫目的城市中，他同時也相當關注當時的政治、藝術與醫學
發展。史代納就曾經多次出入維也納醫學院，而這段經歷也對史代
納有著深遠的影響，讓他在很早期的時刻，便認識到當時正在發展
中的精神分析、催眠實驗、古柯鹼試用實驗，以及精神疾患與療
程。

　　維也納的帝國理工學院中，影響史代納最深的教授，便是號稱
德國文豪歌德之後，最懂《浮士德》（*Faustus*）的卡爾・尤利烏斯・施
勒埃爾（Karl Julius Schröer, 1825 － 1900）。剛進入大學的史代納對於歌
德僅有粗淺的認識，於《浮士德》更是一無所知。然而，在施勒埃爾
的課堂上，歌德與施勒埃爾的想法與理念，吸引著史代納去探索、
追求；而施勒埃爾，也在課堂報告中，注意到這位年輕學子用他獨

特的方式，探索歌德的作品與思想。

　　1882 年、史代納大學三年級時期，歌德－席勒檔案館正在徵求歌德科學著作的編輯人。施勒埃爾想到了這位年輕學子，便向當時歌德－席勒檔案館編輯約瑟夫‧屈施納（Joseph Kürschner, 1853 － 1902）推薦了史代納。有了施勒埃爾的大力推薦與保證，當年九月，史代納便懷著滿腔熱血，開始了大量、繁瑣的編輯與考證工作。而這本歌德的科學著作於1884 年出版後，也讓史代納在學術界獲得了肯定與讚許，讓史代納的學術前景希望無窮。

　　而在當時，為了介紹與評論歌德的科學著作，史代納也寫了兩本書介紹其哲學思想，同時也在期刊上發表大量文章。對歌德深刻的研究過程中，大大影響了史代納的哲學與思想觀，也讓史代納看到自己研究上的不足。對史代納來說，歌德就像是那些讓大自然得以展現自己、從不讓大自然遭受暴力對待的研究者。歌德的研究方法、概念與理論，也成為了往後史代納發展人智學的重要種子。

忘年之交：
與草藥老人的相遇，展現最貼近自然的生存方式

　　1879 年，除了受到歌德的哲學觀影響，史代納也因緣際會的在車站裡認識了一位賣草藥的老人——科穀茲奇（Felix Koguzki）。這位老人立刻吸引了史代納渴求對於靈性的理解與探索，漸漸的，他從這位老人身上，感受到鮮活的大自然靈性。

　　科穀茲奇對草藥、大自然規律的深刻認識，超越了史代納從課本中學習的知識，讓史代納深受感動，兩人也因此成為了忘年之交。這位草藥老人對大自然的體悟，也深深影響了史代納對於大自然的認知。

史代納如此形容這位賣草藥老人：

「從他那裡可以深入了解大自然不為人知的祕密，他背著的是一束束藥草，然而內心裝著的，卻是在採集過程中從大自然靈性採得的收穫。」

或許正是這一段段的生命過程，在往後成為了史代納中心哲學思想的骨架，不斷延續最貼近大自然的生活方式。

▲草藥老人科穀茲奇，後與史代納成為了忘年之交

在棉花進口商擔任家庭教師時期：開啟對教育全新的認知

1883 年 10 月，史代納在尚未結束學業、沒有參加畢業考的情況下休學。無法繼續領取獎學金的史代納，便於 1884 年 7 月前往棉花進口商拉迪斯勞斯·施佩西特家擔任家庭教師。

這個猶太家庭共有四個孩子，但是其中最小的一個孩子患有學習障礙，被大家認為是不正常的孩子。

然而，面對這樣的孩子，史代納建議他的雙親將教養問題交給他。為了贏得男孩的好感，史代納謹慎的展開與這個男孩的相處過程，史代納敘述他如何規劃與這個孩子的相處與學習：

「這份教養任務成了我豐富的學習資源。課堂上必須採用的教

學實務開啟了我對人的身、心、靈關聯性的認識。這段時間我完成了生理學與心理學的學業，我察覺到將教養與課程規劃成為一門『以真正的人之認知為基礎的藝術』之必要性。我小心翼翼的遵循經濟效益原則，為了讓整個課程內容架構可以在最短的時間內，以最輕省的心力負擔，讓小男孩能夠達到最佳的學習成效，我常常要為半小時的授課，準備長達兩個小時。」

而這段寶貴的經歷，大大改變了史代納對教育與教學方法的認知。為了讓無法長時間集中注意力的孩子學會專注，史代納便結合了許多心理學、生理學與教育學知識，運用讓孩子運動、遊戲、把教材融入活動的方式，培養孩子的學習專注力。而這位原本患有學習障礙的孩子，也在多年後順利從大學畢業，成為了一名醫師。而後，施佩西特家也在史代納創立人智學時期，給予他許多幫助。

自由的人智學：
對人類的深刻理解，看見生命最真實的面貌

不斷追尋靈性解答與內在疑問的史代納，在維也納期間也參與了維也納神智學團體。然而，因為與主流神智學理念不同，1912年，史代納與原本的神智學會分道揚鑣，並與在演講時期培養、願意跟隨他的神智學學員一同創立了新的群體——人智學。希望透過對人真實、深刻的認識，以及靈性科學的啟發，扭轉世界朝向過於物質主義的發展危害。

至此之後，史代納也開始以人智學為基礎，延伸到更實際的應用，包含華德福教育、人智學醫學、有機農業當中的生物動力農法／自然動力農法（Bio-Dynamic Agriculture，簡稱 BD 農法），以及藝術當

中的優律思美（Eurythmy）、形線畫（Form Drawing）和人智學建築。

© Rudolf Steiner Archive

▲埃米爾‧莫爾特是華德福菸草工廠董事之一，並促使第一所華德福學校創立於德國斯圖加特

1919 年，第一次世界大戰結束後一年，史代納應當時德國斯圖加特（Stuttgart）華德福菸草工廠董事之一的埃米爾‧莫爾特（Emil Molt, 1876－1936）邀請，於工廠內開辦了全球第一所華德福學校，讓工廠員工的子女就學。自此，便開展了一百多年的華德福教育歷史。

儘管第一所學校於 1919 年開辦，然而史代納早已在 1906 年便開始一次又一次對教育者與學校提出建議。而決定開創學校之時，史代納也開始為向教師演講，探討對人的認知、教學方法、教案，並且實際演練、研討課程。對史代納來說，華德福學校並不是為了宣揚人智學概念。於此，他立下了華德福教育的準則：

「華德福學校不是一所極盡所能將人智學的教義塞進孩子腦中的學校……我們真心想要的，是可以透過實際的課程，讓他們得到在人智學思想領域中能獲得的內涵……我們必須對目前當下所發生的一切保持高昂興致，否則我們就不適合擔任這所學校的老師，我們不能只是想達到我們特定教學內容的任務。」

史代納對教師的要求極高，在華德福學校，老師沒有制式的課本、教案、教具，必須由老師靈活的想像力與創造力，以及跟孩子

▲位於德國斯圖加特的第一所華德福學校一隅

最真實的接觸，發展出獨屬於這群孩子、教師的教學方法。身為華德福學校的主導人，史代納卻能給教師與學校職員最大的尊重與自主權，並且不斷的從實際的教學現場中，修正自己的教育方式，同時強調讓孩子能獲得該年紀應有的能力。

歌德館：人智學的精神象徵

　　1913 年，史代納以人智學為基礎，於瑞士多納赫地區建造了第一座歌德館。這座令人印象深刻的建築，運用了對當時來說，相當創新的建築手法，著重在具有靈力的建築結構與色彩。然而，木造的第一座歌德紀念館在 1922 至 1923 年間的平安夜焚毀。之後，史代納設計了一個更大、由混凝土建造的第二座歌德紀念館，這座紀念館直到 1928 年，史代納去世後才建好。而這棟建築也被譽為二十

▲第一座歌德館（焚毀於 1922 － 1923 年間平安夜）

▲第二座歌德館

世紀的建築傑作，並且受到瑞士國家保護，也成為了後續人智學的
精神象徵。

人智學的靈性體悟：
當觀念變成教條，就失去了原本的用意

　　自 1919 年以來，人智學透過華德福學校、公開研討會，以及其
他活動而廣開知名度，成為了各界討論的話題。然而，自 1922 年以
來，與人智學會董事間的矛盾與壓力，讓史代納的健康亮起了紅
燈。

　　1925 年 3 月 30 日，年僅 64 歲的史代納結束了他一生的課題，
於瑞士多納赫地區長眠。

　　史代納曾在書中寫下：

　　「不要盲目相信這本書告訴你的東西，要自己去經驗，經驗後
覺得是對的，才可以相信。」

　　因此不論是人智學、華德福教育等等，史代納都只是提供方法
與概念而不是結論，並且不斷強調「最重要的是基本原則，如果把觀
念變成了教條，就失去了原本的用意」。最重要的是透過自己的方式
去實踐與運作，而不是先相信所有的理念。

　　史代納在靈性的體悟，以及對後世物質社會危害的洞見，成為
了極端物質化社會的平衡桿、引領了我們理解自身。而他所提倡的
人智學，在種種領域中，不斷的延伸與發展，於各個不同領域中，
都能從人智學的理念裡，發掘出深意與內涵，在物質主義的社會
中，成為引領我們追尋自我的明燈。

目錄

第一講 教育改革的前提，必須真正且真實的理解「人類」

作為教育工作者，我們絕不能偏離現實。在教學中，我們無時無刻都要面對現實，而這必定會促使我們更了解「人類本質」。

・教育改革，不該只從「不愉快的童年回憶」出發

・以「人智學」為基礎的教育，
　讓我們看見真正的「人類圖像」

・當前的科學過於關注「正確性」，而忽略了「現實」

・真正的教育，必須穿透人類本質、
　看見孩子的真實成長

・在教育中，最重要的是考量生命不同階段的互相連結

・童年時期的心魂發展，會影響生命後期的健康狀態

・如何讓教育再次擁有「心」

第二講

走路、說話、思考，
看見孩子頭三年的真實成長

當幼兒要把自己的身體直立起來時，首先要尋求的是身體的平衡。但是當自由移動手臂和手的時候，他們也在尋求心魂的平衡。每個人都可以發現，比起表面上所能看得見的，隱藏在所謂的「學走路」背後的，更是無窮複雜。

- 對人類本質的知識必須成為教學本能，才能立即且精確的回應孩子
- 未來整體生命的決定性因素：從學習走路、說話，最後進入思考
- 語言中的情緒，形塑著孩子細緻的組織結構
- 睡眠與清醒的正確關係，如何影響孩子說話與行走
- 幼兒的心魂與靈性發展仍然是合一的
- 比起遺傳，環境對成長的影響更深遠
- 周圍環境的語言會滲透進內在，影響孩子的整體生命
- 孩子透過周圍環境，會無意識的學習某些重要的事物

 **第三講**

教育最重要的方法，
便是以自身為榜樣

我們應該努力了解的是：作為老師和教育工作者的我們該如何呈現自己，而不是去談論我們應該如何對待孩子。我們必須做的是，在原則與方法上，去吸引學生的心。我要再次強調，我們真正需要的，是「用心去教學」。

- 童年的第一個階段：孩子會於內在複製出周遭的一切

- 教育，必須看見心魂與心魂之間的交流

- 走路、說話、思考，
  孩子的生活圈一步一步走入全體人類領域

- 童年的第二個階段：
  孩子的思維，只能與圖像結合在一起

- 換牙至青春期之間，語言必須保持著圖像的特徵

- 孩子活在圖像元素的連結，
  透過圖像記憶才能發揮作用

- 教育最重要的元素，在於老師與學生的內在連結

- 無意義的文字與數字符號，會在孩子的內在轉為不滿

- 童年的第三個階段：
  孩子開始成為智性與邏輯思考的人

第四講　教學方法，必須是符合現實且是整體的

這樣的人類知識並不是為了導出理論，而是要成為人類本能，是具有心魂與靈性的本能，能在轉化為行動時，導引出活生生的教育原則與實踐方法。

- 教師的任務，是感知到孩子的「內在推動力」

- 許多「學校改革運動」蘊含著理想，卻脫離了現實

- 幼兒園，必須讓孩子有機會健康的模仿生活

- 讓內在的形塑力量，參與字母的學習過程

- 身為教師，最重要的是看到人類存在的整體性

- 現實生活中的教學法，必須以最多元的角度來考量

- 9 歲之後，孩子開始認識到自己與周遭是分離的

- 給孩子的植物學，必須與大地連結
- 給孩子的動物學，必須看見動物與人之間的互相關係

Q&A
Q：關於宗教指導的問題
Q：有關宗教課程的進一步問題

運用心像能力，看見 7 ～ 14 歲孩子的細緻轉變

在7歲到大約14歲的這段期間，教師主要的關注點，必須在學生不斷進化的「感受生活」（life of feeling）。對教育工作者來說，擁有創造「心像」（mental imagery）的能力非常重要，這將能引導學生度過這個特定的細緻轉化階段。

- 讓課程充滿藝術、圖像與節奏，
  而不是試圖對孩子解釋

- 在孩子達到必要的成熟度前，
  認識「人」必須與動物外形連結

- 9 ～ 12 歲之間，所有課程都必須形成圖像

- 物質體、乙太體、星芒體，如何影響孩子的成長

- 從 12 歲開始，孩子才能漸漸理解因果關係

- 過早接觸因果關係，
  會讓孩子憤恨社會普遍接受的判斷

- 孩子所認識的世間萬物，都必須透過老師與之連結

- 學生時期的記憶，只需要留下社會生活所需要的事情

Q&A

Q：關於為17歲大女孩上音樂課的問題

Q：如果已經知道答案，問孩子這個問題，是不誠實嗎？

第六講

教育工作者，會親自將
道德與社會教育帶給學生 184

愛，源自於孩子在生命第一階段的感恩經歷，是神的愛。人們應該要了解，就像植物的根在掘進泥土之後才能開花，我們也要把感恩種在孩子的心魂裡，因為它是神之愛的根。神之愛會從普遍的感恩中發展出來，就像花朵從根部成長。

· 人類如何學會這三種美德：愛、感恩、責任

· 在生命的第二階段，看見對自然與對人類同伴的愛，如何從孩子身上甦醒

· 讓幽默感自然而然成為課程的一部分

· 發展愛的過程中，教師是孩子最親密的盟友

· 老師所展現的姿態，對孩子來說都是有意義的

· 直到青春期開始，透過飽滿的內在意識發展對工作的熱愛

· 教師的任務，就是為孩子提供自我教育的環境

· 教師必須理解：當我們站在孩子身邊，意味著什麼

第七講

教育不能僅憑著熱情，
重要的是孩子能適應周遭環境

必須永遠記得的是，我們絕不能狂熱的執行自己所選擇的教育目標，卻沒有考慮到學生是否會因此疏遠了周遭的生活。

- 基於客觀現實，華德福學校必須做出哪些妥協
- 當感激與愛適當發展，孩子的責任感就會出現
- 12 歲之後，課程必須愈來愈傾向實踐活動
- 進行人性化教育前，必須先理解生活的變化程度
- 教學，必須看見人類身心靈中，更精細的相互關係
- 教育就像治療，必須既全面又能切合實際

第八講

從人類的身體、心魂與靈性，
看見華德福學校的運作模式

靈性教育中必定要清楚呈現的，就是要同等考慮與人類身體、心魂與靈性有關的每一件事。因此，如果實際教學有按照其特徵進行，它同時也能成為孩子生活中的某種保健，必要時甚至是治療。

- 教育，必須同等考慮
  人類身體、心魂與靈性的每一件事
- 團結一致的教師團隊，
  就像學校的心魂與靈性般作用著
- 正確的教育，讓孩子明白如何正確的老去
- 從最深的人類洞察，來安排華德福學校的課程

Q&A

Q：是否有可能在其他國家實施華德福教學法，例如在捷克斯洛伐克？

第九講

優律思美透過人體的運動，創造可見的語言

優律思美不依賴外在樂器，也不依賴人的任何一個部分，而是將人類實體，特別是最具表現力的成員——即手臂和手——轉化為可見的語言與可見的歌曲或音樂。

・搭配言說的優律思美，是向外表達心魂經驗
・言說的藝術：讓節奏與音樂特質相遇的地方
・優律思美與啞劇、舞蹈之間的不同
・「人」就是優律思美最完美的藝術表達工具

Q&A

Q：關於朗誦與優律思美
Q：這不會改變押韻的輕重嗎？
Q：人在解讀時有內在法則嗎？
Q：在舞蹈藝術中，不同舞者有不同的風格。想必優律思美沒有這樣的情況——或者是它的動作不會總是一樣？
Q：有參與者表達想要成立協會的願望，以便在瑞士開設華德福學校。在各種討論之中，有人提出了優先考慮重建歌德館與創辦瑞士華德福學校的問題，因為要實現這兩個計畫似乎完全不切實際

結語｜透過自己的經驗，讓華德福教育更自由的傳遞給世界

第一講

教育改革的前提，必須
真正且真實的理解「人類」

（1923 年 4 月 15 日）

各位女士、先生，與親愛的朋友們。

在這場講座的開幕式上，我要為大家致上最溫暖的問候。如果你們提早四到五個月來訪，我就可以在我們稱之為「歌德館」的建築物中歡迎你們[1]。這棟建築的藝術形式與內部設計，都再再提醒著我們回想：「我們試圖將這棟歌德館中的哪些事物，帶給這個世界？」然而，不幸卻在元旦之夜降臨到我們身上，歌德館被火災奪走，帶給熱愛這座建築的每個人巨大的痛苦。因此，

1　編注：歌德館於1913年建造完成，然而在1922年末與1923年元旦間被大火摧毀。第二座歌德館要到1928年才建造完成。本書為1923年4月於瑞士多納赫（Dornach）的演講，因此史代納博士才會對聽眾表達遺憾。

第一講
教育改革的前提，必須真正且真實的理解「人類」

就目前缺少合宜塵世靈性之家的情況下，我們必須培養「靈性」（spirit），而祂也主宰著人體這個物質且精美的外鞘。

我非常喜悅能迎接你們這些從瑞士到來的人，即使近期在瑞士，我們的教育目標接收到帶有敵意的反饋；然而你們的到來，卻真正證明了你們對我們的教育目標感興趣。我想以同樣的喜悅與滿足，歡迎來自捷克斯洛伐克（Czechoslovakia）[2]華德福教育的許多朋友們，或那些希望成為華德福教育之友的人們。你們的到來向我證實了，教育涉及了我們這個時代最關鍵的問題之一，而唯有教學專業的各個成員都從該角度看待教育時，才會收到所需和應有的動力。

此外，我歡迎來自其他國家的朋友們，你們的出席，呈現出我們在多納赫[3]所做的努力，不只關乎著世界利益，也是關係到全人類的事。

而最後我想問候我們的朋友，也就是華德福學校的老師。他們來到這裡的主要目的，是將自己的親身經歷奉獻給這次的講座。他們與我們的事業有著深刻的連結，並表達願意支援這次的講座。這非常值得讚賞。

2　編注：舊時的東歐國家，已於1992年解散。
3　編注：位於瑞士的城鎮，也是歌德館所在地。

教育改革，
不該只從「不愉快的童年回憶」出發

今天在導言的部分，我想為接下來幾天將關注的事情打下基礎。現今有非常多有關教育的新聞，而與此相關的許多年輕人，正討論著「教育需要改革」。他們表達出許多不同的觀點——通常帶有相當大的熱情——都是關於教育應該要如何改變與革新。然而，當人們聽到關於這個主題的各種想法時，不禁會感到某種惶恐，因為很難在這些不同的觀點中看出「要如何做，才能引領出任何形式的整合與共同目標」，特別的是，每一種觀點都聲稱自己才是唯一有效的。

但還有另一個值得關注的理由。新的教育理念本身並不會引起過分的關注，因為生活需要，通常會鈍化其尖銳的邊緣，並且引起自身的「補償作用」（compensations）[4]。當人們聽到幾乎所有人都在呼籲教育革新的時候，人們就會想到另一個問題，那就是：「這種值得被熱情稱道、更好的教育，究竟從何而來？」

難道它不是從人們不愉快的童年回憶，也就是他們深層記憶

4　編注：心理學名詞、某種自我保衛機制。透過這樣的作用，人們可以有意識或無意識掩蓋生活領域中因為某個弱點、挫敗感，或是不適當的感覺，而造成的焦慮或衝突。

第一講
教育改革的前提，必須真正且真實的理解「人類」

中，對自身教育的不滿所促使的嗎？但是，對於教育改革的呼喚，若僅僅出自於上述或類似的感受，就只能幫助到那些「重視且不滿自身學校教育者」而已。即使某些教育改革者不會對自己或他人承認這一點，但從他們話語中非常細微之處來看，正暗示著「不滿於自身所受的教育」。而如今，有多少人與他們都有著這樣的不滿！這也難怪，要求教育必須改變的呼籲，會一天比一天更強烈。

然而，在這種進退兩難的教育困境中浮現了兩個問題，這兩個問題都會令人感到不舒服。首先，如果一個人的教育是糟糕的，如果在作為一個孩子時，他曾經暴露在許多有害的影響下，那他怎麼會知道正確的教育改革要如何建構出來？我們該如何找到更好的方法來教育年輕人？第二個問題則是源自於「聽取某些人訴說對於自身所受教育的看法」。在這裡，我想舉一個實際的例子，在這次研討會上，我不想介紹理論，而是想以實際的方式進入我們的主題。

幾天前有一本書上市了，這本書本身並沒有特別引起我的興趣。然而，這本書很有意思，因為這位傑出且世界知名的作者，在前幾章談到了自己早年的學校時光。我指的就是剛剛出版的泰

戈爾的回憶錄[5]。雖然我對這個人的興趣不像許多歐洲人那麼強烈，但關於教育問題，他的回憶錄有一些值得注意且相關的細節。

我相信你會同意，一個人對於早期學校時光最美好的回憶——無論這些回憶多麼美好——都很難記得某些課堂上所發生的零碎細節。事實上，如果有的話就太悲哀了，因為會在課堂上影響到孩子的事，都應該轉化為生活習慣與技能。**在往後的生活中，我們不該被曾經在學校學到的細節所困擾，而必須一起匯流入偉大的生命之河中。**難道，我們對學校最美好的回憶，不能是曾經遇過的不同老師嗎？到了晚年，若能帶著深深的內在滿足，回顧曾被某位令人欽佩的老師教導過，便是一種祝福。這樣的教育對人的一生都會是有價值的。重要的是，教師要在學生的身上喚起這樣的情感，這也是教育的藝術。

如果從這個角度來看泰戈爾回憶錄中的一些段落，我們將會發現，當他談到他的老師時，並沒有帶著許多尊敬與欽佩。舉個例子，他說：

「我們其中一位小學老師，也會到家中為我們上私人課程。他

5　泰戈爾（Rabindranath Tagore, 1861－1941），印度詩人、小說家，曾於1913年獲得諾貝爾文學獎。其回憶錄《我的回憶》（*My Reminiscences*）於1912年首次出版。

第一講
教育改革的前提，必須真正且真實的理解「人類」

的身體很瘦弱、臉色蒼白，且聲音尖銳。他看起來根本就像一根藤條。」

我們可以很輕易的料想到（特別是在我們的西方社會），這樣的敘述在東方經常會受到強烈批評，因為亞洲人很難如此強烈的強調教育中的錯誤。但在這裡就有一個例子，也就是一位世界聞名的東方人，回顧著他在印度的學生時代的樣貌。所以我將會用泰戈爾在書中也有提到的詞，就是「悲慘的學校」。這個詞的含義並不限於歐洲國家，似乎表達出了一個世界性的文化問題。而我們在之後，也會談到更多關於「教師必須做些什麼，才能在帶給學生的事物上，點燃他們真正的興趣」。

但現在，我將從泰戈爾的回憶錄中，為你們舉另一個例子，是關於他的英語老師如何處理這份任務。泰戈爾寫道：

「當我回想起他的課程時，我不能斷言阿戈爾・巴布（Aghor Babu）是個嚴厲的老師。他並沒有用藤條來統治我們。」

這樣的說法，對我們來說代表著早已被取代的久遠時光。事實上，泰戈爾在書中多次談到藤條，而這對我們來說，卻是舊時的文化。我相信，在閱讀泰戈爾的描述時，這樣的評論是合理的——不僅僅是關於他的老師「看起來根本就像藤條」，以及他

THE CHILD'S CHANGING
CONSCIOUSNESS

也指出另一位老師實際上並不使用藤條。談到這位老師時，泰戈爾繼續說：

「即使是在訓斥我們，他也沒有對我們大喊大叫。但是，不管他有哪些優點，他的課都是在晚上，而且他教的科目是英語。我相信對一個孟加拉男孩來說，結束了白天的『悲慘學校』後，這個人依舊在夜間點燃一盞不舒服且昏暗的燈並且教他英語，就算天使顯現，看起來也像閻摩（Yama，印度神話中的死神）的使者。」

好吧，這裡舉出的例子是一位著名印度人如何談論他所受的教育。但泰戈爾也寫到每個孩子呈現了「教育需要什麼」。他以一種非常實際的方式指出要如何遇見這些需求，以及在他的情況下怎麼會沒有發生。以西方觀點來詮釋這樣的情況，我會留給你們來思考。然而對我來說，這樣的問題非常適合用全球角度來看待。如果以歐洲脈絡來討論這些問題，很容易引起強烈的批評。泰戈爾繼續說：

「阿戈爾·巴布時不時試圖將清新的科學之風，引入到枯燥的例行課堂上。有一天他從口袋裡掏出用紙包起來的小包裹說：『今天我想給你們看造物主其中一個美妙的藝術作品。』打開包裝紙後，他展示了一個人的喉部，他用這個喉部向我們解釋這個機制的奇妙之處。我仍然記得這為我帶來的衝擊，因為我一直認為語言是

第一講
教育改革的前提，必須真正且真實的理解「人類」

出自人的整體。我絲毫沒有想到，說話這項活動可以從人的整體之中分離出來。然而無論每個單一部分的機制有多麼完美，依舊比不上完整的人體。當時我並沒有真正意識到這一點，但我的內心深處卻是滿滿的厭惡。老師沒有注意到這個事實——這就是為什麼，對於他的這種示範，學生無法有同樣的熱情。」

好吧，這是在介紹人體結構給男孩時產生的第一個衝擊。但是另一個更糟糕的情況隨之而來。泰戈爾繼續說：

「還有一次的情況是，他帶我們進入當地醫學院中的解剖室（毫無疑問阿戈爾·巴布想要特別款待男孩們）。桌上躺著一位老婦人的屍體。這件事本身並不會特別干擾到我，但放在地板上的斷腿，卻完完全全讓我失去平衡。人體支離破碎的景象如此可怕，對我來說完全沒有意義，而過了好幾天，我仍然無法擺脫這黑暗且僵硬的腿的印象。」

這個例子說明了介紹解剖學給年輕人時的反應。基本上，會在教育中採用這個程序只是因為它符合正統科學方法。而既然老師確實通過了科學訓練，自然會假定用人類的喉部模型來展示說話機制，或是用截肢來輔助解釋生理解剖學，是絕妙的主意，因為當代科學思維不認為必須將人類視為整體。然而，這些還不是

我選擇泰戈爾回憶錄某些段落的主要原因——我們在後面會提到更多回憶錄的內容，不是因為與泰戈爾有關，而是因為它與我們講座的主題有關。首先，我想再提另一個觀點。

評價泰戈爾文學成就的人，都能正確辨識出他是一位傑出的人士。在這位傑出作家的自傳中，我們讀到了他所接受的可怕教育。這不是鼓勵了一個奇怪的想法嗎？也就是：他所接受的差勁教育，似乎並不會損害他的進一步發展，難道人們能下結論說，糟透了的教育不一定會造成永久或嚴重的傷害嗎？泰戈爾難道不是證明了，儘管如此，他仍然成長為一位優秀的人，甚至是名人？（這種的例子可以有千百個，儘管他們可能不那麼引人注意。）

考量到教育改革的無數推動時，一個人很容易被拉往兩個方向。一方面是，如果一個人不幸遇到糟糕的教育，怎麼可能有能力改善教育呢？另一方面是，如果「悲慘的學校」不會阻擋一個人成為不僅僅是個好人，甚至是偉大且有名的人，那麼糟糕的教育就不會有永久的傷害。浪費這麼多關懷在改善教育上，會有什麼意義嗎？從表面上來看，人們可能會下這樣的結論，就是——最好將時間用在比教育改革更有用的事情上。

第一講
教育改革的前提，必須真正且真實的理解「人類」

以「人智學」為基礎的教育，
讓我們看見真正的「人類圖像」

　　如果「人智學」[6]受到這麼多誹謗，只因為它就像一般人所做的那樣，為教育改革提供了更多想法，那我不認為在實務中，試圖做這些事情會有意義。但在實際上，人智學與大多數人所想像的完全不同，因為它源自於我們當代文化最深層的需求。人智學與它的許多敵人不同，不會隨處可恥的詆毀不符合自身原則的一切事物。在認識與承認好的事物上，人智學有更好的準備。這在之後會有更多的介紹，正如我已經說過的，我預定今天的內容僅僅為「導言」。

　　人智學指出了過去3～4個世紀中，科學成就的重要性。首先，它完全承認19世紀的所有事物。然而，與此同時，人智學的任務，也是觀察這些偉大的科學成就會如何影響人類「心魂」（soul）。相對來說，認為受過科學訓練的少數專家，對整個社會只有些微影響是很愚蠢的；**即使是那些只知道一點點科學，或是對此一無所知的人，他們的「心魂基調」（soul mood）與生活取**

6　編注：人智學（Anthroposophy）由魯道夫·史代納所創立的哲學，研究關於人類智慧的學問，注重人類的身心靈發展，並且由此開創了華德福教育。

向，也會受到當代科學的影響。就算是在傳統和習俗中出生，具有嚴格且正統宗教信仰的人，他們在世界上的定位仍要歸功於正統科學的成果。有著巨大成果的科學觀念會日益影響現代人的態度，這是再怎麼說也不為過的。

然而，人類心魂的構成卻受到現代科學的奇怪影響。有愈來愈多外在自然被揭露，而與此同時，科學卻讓人與自然變得疏遠。用科學角度觀察人類時，會發生什麼事？首先吸引我們注意的，是那些已經被發現、了無生氣而無生命的世界。然後根據其生理和化學成分來分析人類，並將在實驗室中所建立的東西，應用到生活之中。

或者，我們的注意力會被引到其他自然領域——到植物和動物世界去。科學家充分意識到，他們無法像建立適用於無機自然的法則一樣，在構成人類心魂上制定出令人信服的法則。儘管如此——至少在動物界——科學家所發現的，也會與人類有關。這就是為什麼「普通人」會將人類視為動物演化的最後階段，物種的「演化階梯」（evolutionary ladder）是以人類出現做為結束。對動物有了某種程度的理解後，牠們的骨骼結構或肌肉構造，就會被簡單轉移到人類身上；結果就認為，人類代表著最發達的動物。

到目前為止，這些方法並沒有形成真正的人類圖像，而當我們聚焦於教育時，這對我們來說將變得清清楚楚。可以說，在更

42

第一講
教育改革的前提，必須真正且真實的理解「人類」

早的時候，人類在這既有的世界秩序中是處於中心位置，但已經被取代、被地質學資料壓垮，動物演化論也將他們從自身所擁有的領域中淘汰掉。僅僅只是將人類中耳內的聽小骨，追溯到低等動物的「方骨」（Quadratbein）[7]，便被讚譽為「真正的進步」。這只是一個小例子，而現代研究似乎已經完全漠視了「人類的身體本質反映著心魂與靈性的本質」。

這種事情很容易被忽視，因為正統方法被認為是理所當然的。它確確實實可以說是我們現代文化中的一種副產品。事實上，假如這樣的變化沒有發生，那將會是一個可悲的情況，因為科學時代之前所盛行、面對心魂的態度，會讓人類無法正常的進步。然而，今日對人類本質有新的洞見的呼籲，其洞察力要基於科學思維模式，而這也將能闡明整個宇宙的本質。

我常常試著展示一般科學觀點（這樣的科學觀點，本身應該受到高度讚揚），是如何導致巨大的幻覺，單純的只是因為它在骨子裡就宣稱自身不會有錯。如果一個人可以在任何特定的點上證明科學是錯誤的，整個事情就會相對簡單。但是，當在自身範圍之內，該科學主張是正確的時候，就會出現更困難的情況。

讓我清楚說明我的意思。是什麼導致「康德－拉普拉斯」這

7　編注：大多四足動物都有這塊頭部骨骼。

樣的理論？[8]利用這個理論（這個理論最近已經進行了修改，幾乎每個受過教育的人都知道），科學家試圖解釋我們的地球與行星系統的起源。在他們的計算中，部分科學家追溯了相當長一段時間。當一位科學家說大約是兩千萬年時，很快就會被其他說是兩億年的人認為是幼稚的。然後其他科學家就開始計算發生在今日地球上某些過程的時間。這是完全正確的事，因為從嚴格的物質觀點來看，已經是研究到徹底了。岩石的沉降或變質會被觀察到，而且從獲得的數據上可以建構出能解釋某些變化的圖表，然後計算出所涉及的時間長度。例如，如果尼加拉大瀑布（Niagara Falls）的水不斷落在下方岩石一段時間後，可以計算出這些岩石受到侵蝕的程度。如果現在將這個計算轉移到另一個地方，而在那裡所發現到的侵蝕要多得多，只要透過簡單的乘法，還是可以計算出。使用這個方法，就有可能達到比方說兩千萬年，就計算而言，這是完全正確的。

　　同樣的，一個人也許可以從現在開始，並且根據另一個著名

8　編注：「康德－拉普拉斯星雲說」（Kant-Laplace nebular theory）解釋了太陽系的形成。該理論最早出現於1755年哲學家康德（Immanuel Kant, 1724－1895）的《自然通史與天體理論》（*Allgemeine Naturgeschichte und Theorie des Himmels*）；1796年天文學家拉普拉斯（Pierre-Simon, marquis de Laplace, 1749－1827）也提出與康德類似的模型。19世紀時，該理論受到許多天文學家批判，但卻激發天文學家尋找替代理論。

第一講
教育改革的前提，必須真正且真實的理解「人類」

理論，計算地球在多久後會面臨「熱寂」（heat death）[9]等等。然而，同樣可以很好的將這樣的程序應用在非常不同的情況上，例如，觀察人類的心是如何一年又一年的發生變化。與探究尼加拉大瀑布的方法相同，當我們注意到這些差異，就可以去研究人類的心在三百年前會是什樣子，也可以看到它在三百年後會是什麼樣子。從技術上來說，這個方法類似於確定地質變化的時間，因此在該角度下來說，這個方法是正確的。觀察一個35歲左右的人的心臟，乃是基於一個運作已有相當長一段時間的器官來估算。然而，這樣做卻忽略了一個明顯的細節——這顆特殊的心在三百年前不存在，三百年後也不會存在。雖然從數學上來說這樣的估算是正確的，但與現實並沒有連結。

當前的科學過於關注「正確性」，而忽略了「現實」

　　當前的知識時代，我們太全神貫注於某件事是否正確、它在

9　編注：猜想宇宙終極命運的假說，當宇宙中的熵達到最大值時，其他有效能量將轉化為熱能，所有物質溫度達到熱平衡。

邏輯上是否正確；但我們已經失去詢問它是否符合現實生活情況的習慣。本週的演講，我們將一次又一次面對這個問題。但有時候會發生這樣的情況：當我們遵循明顯正確的理論時，甚至會輕易的忽略根本性的問題。例如，你可能已經目睹了——我並不是在暗示作為老師的你，已經實際進行了這個實驗，因為當提出負面論斷時，在場的夥伴通常會被排除在外——或許你已經看過，甚至連年幼孩子的班級，都提供了「行星如何圍繞太陽旋轉」的圖示說明：將一塊紙板切成圓盤，並用針刺穿它的中心。然後在圓盤漂浮在水上之前，將一滴油滴在其表面上。當中心的針快速轉動以旋轉飄浮的圓盤時，小油滴就會從切線之處射出，形成「小行星」（小油滴行星），這樣最令人信服的行星系統模型就被編造出來了。不用說，這個實驗應該證明了康德－拉普拉斯理論的準確性。嗯，就一個人的道德而言，謙虛就有足夠的美德，但在這樣的科學實驗中，第一個要求當然是不能遺漏任何必要的細節——無論多麼微小——並且要包含所有既有的標準。「旋動圓盤的老師」不就是其中最重要因素嗎？因此，只有假設在很久很久以前，有一位巨大的校長曾經扭動一個巨大的世界之針並使其旋轉，從而旋轉出我們的整個行星系統，這個假設才會有意義！否則不應該用這樣假設性的實驗。

　　所以，**在科學中顯然最正確的地方，或是不能被質疑的地**

第一講
教育改革的前提，必須真正且真實的理解「人類」

方，可以檢查出許多不切實際的心魂態度元素。於是，這些錯誤因素很容易就潛入到教育之中。因為那些教學的人，無可避免會成為他們自身時代的產物，且這是理所當然的。當他們遇到這樣的地質計算或天文類比時，一切似乎都能很好的結合在一起。有時候，人們會不禁對科學解釋不可思議的獨創性感到驚訝，但是儘管它們的說服力顯而易見，卻會使我們遠離現實。然而，作為教育工作者，我們絕不能偏離現實。在教學中，我們無時無刻都要面對現實，而這必定會促使我們更了解「人類本質」。從某種意義上說，這種滲入人類本質的失敗，已經潛入到現代教育的思想與實務之中。

我想用一個例子來說明這一點。每當你在課堂上與孩子相處時，你會發現有些人在某個科目上比其他人更有天賦。對於這個問題，你們之中的大多數人都熟悉目前的想法和方法。我在這裡提到這件事，只是為了建立相互的理解。兒童有著不同程度的能力。那麼要如何處理這些問題，尤其是在當今最先進的教育科學中心？從教育文獻研究中，就可能知道最近在學校引入了所謂的「相關係數」（correlation coefficient）。根據這種方法，如果學生對兩種不同的科目表現出相同的能力，則寫下相關係數1（儘管事實上，這樣的事情從未發生過，但這裡只是假設）。另一方面，假如是兩個科目中存在著互不相容的自然天賦，則相關係數為0。這種方

法的背後想法，是要測試和衡量學生的各種天賦。例如，你可能會發現繪畫和書寫的相關係數，我們說 0.7。這意味著超過一半有繪畫天賦的孩子也會有寫作的天賦。人們還可以在其他天賦的組合中尋找相關係數。例如，寫作與學生處理母語的能力有關，在這種情況下，相關係數為 0.54；算術和寫作的相關係數為 0.2；算術和繪圖的相關係數為 0.19，依此類推。由此可以看出，算術和繪畫是最不相容的夥伴，而書寫和繪畫常常是最能搭配的。發現大約有百分之五十的學生同時有母語和繪畫的自然天賦。

請注意，原則上，我不反對這種科學研究。宣稱「不應該調查這些事情」是錯的。事實上，我覺得這些事物極其有趣。我一點也不反對這種心理學實驗或統計方法。

但是，如果將這些成果直接實施在教育上，就好像你要求某人成為一名畫家，卻不提處理色彩的重要性；這就好像有一個人這樣反對另一個人說：「看，這是一本關於美學的好書。讀一讀關於繪畫的章節，這個章節會讓你成為一名優秀的畫家。」

一位在慕尼黑的著名畫家曾經講過一個故事給我聽，我曾經多次引用過。他在當地藝術學校上學期間，著名的美學教授卡里

第一講
教育改革的前提，必須真正且真實的理解「人類」

爾 [10] 正在慕尼黑講學。有一天，畫家和一些同伴決定去見這位著名的專家——他同時也會講授繪畫。但對他們來說，一次訪問就足夠了，因為正如他們所說的那樣，卡里爾所做的就只是「以審美為樂」。

真正的教育，必須穿透人類本質、
看見孩子的真實成長

假如人們認為，他們可以透過上面提到的事物，受益於他們的教育實踐，我的感受就是這樣。儘管從科學角度來看，這些實驗可能很有趣，但在實際的課堂情況中需要一些非常不同的事物。例如，教師必須深深穿透人類本質，才能夠從內在的功能之中，辨識出繪畫和寫作技能的起源；或者辨識出到底是什麼，使學生能夠說好母語。要獲得這樣的能力，就需要觀察活生生的人，且最終可能會引領我們發現某些孩子流露出的特定能力，比如繪畫技巧或母語。於此，**統計數據的用處不大。人們必須從孩**

10　莫里茲・卡里爾（Moriz Carrière, 1817－1895），德國哲學家與歷史學家，並在慕尼黑大學教授過美學。

子的自我表現中得到線索，而這樣的統計證據最多只可以作為事後的有趣確認。統計數據確實有其價值，但若相信它們是教育實務的工具，只能顯示出人們與人類真實本質之間有多麼疏離。

今天，許多人將統計數據視為理解人類的關鍵。在生活的某些領域中，這是有道理的。構建人類的統計圖表是可能的，但這樣的圖表無法讓我們深入的了解人類。想一想，以統計數據為例，它在適當的領域中是多麼的有用，例如保險業。如果我想投保人壽保險的保單，我會被問年紀多大了，我必須提供證據證明我的健康狀況等等。根據這些數據，就能非常清楚計算出我的額外費用，這取決於我是正值年輕或已經是一個老頑固。然後就會計算出我的預期壽命，這些細節會確切的符合保險業務的需求。但是，如果我在37歲的時候購買了一份人壽保單，比如說，20年？這會讓我覺得在57歲時有義務要死去，僅僅只是因為紙上這樣計算嗎？完全進入生命之流與遵循某些既定的標準有很大不同，無論這些標準在邏輯上是多麼正確，或者在適當的範圍之內是多麼有益。

在考慮新生的寫作與繪畫資質問題時，必須記得孩子已經到了長恆齒的階段。在接下來的講座中，你將聽到更多關於兒童發展的不同階段，以及（關於）如何將他們的年齡分為三組：從出生到換牙的時期；從長恆齒到青春期；以及青春期之後（的時

第一講
教育改革的前提，必須真正且真實的理解「人類」

期）。稍後，我們將更詳細的說明兒童在這三個時期，身上會發生什麼事情。現在，讓我們考慮一下「寫作」和「繪畫」的問題。科學如此細緻且仔細的檢查了圍繞著我們的三個自然界（礦物、植物、動物），並且將獲得的知識傳遞給人類。外部世界的知識與對外部自然的思考模式，如今已成為理解人類個體性的關鍵。然而，如果在人類世界內觀察人類，才能認識到真實的情況，並且只需要像研究外在自然一樣準確與客觀且有勇氣的去執行。目前的研究，只有在觀察外部自然時才表現出了這樣的勇氣，但在研究人類時，卻不敢採用同樣的方法。

在教育中，最重要的是
考量生命不同階段的互相連結

讓我們看看從出生到換牙之間的孩子是如何發展的。換牙是人生中的獨特事件，因為它在生命中只會發生一次。現在，若能體會到與泰戈爾表述自己看到斷腿時相似的感受，你將會領悟到換牙不只發生在下頜，也包括了整個人。你會感覺到直到大約7歲，必定有某些東西瀰漫於孩子全身，而有一些活動必定在換牙中到達了高潮。這個活動會以原始形式存在並持續到7歲，之後

就不再以原始形式存在。

　　例如，在研究物理學時，科學家有膽量說「潛熱」（Latent Heat）[11] 以區別解放熱的各種形式。根據這個概念，必定有一些無法用溫度計確定的熱量形式，但被釋放後可以測量到。描述這些在大自然中所發生的現象時，科學家在他們的解釋中表現出膽量。然而，當人類成為研究對象時，這種膽量便消失了，否則他們會毫不猶豫的說：在孩子身上作用直到7歲的力量，在換牙期間的運作是朝向解放的，這樣的力量在獲得解放前，必須與身體有機組織連結，並且會在孩子的內在心魂屬性中，以不同面貌重新出現。同樣的過程，我們也可以在孩子骨頭成形的領域之中辨識出。人們會意識到，這些新顯現的力量必定是相同的，儘管已經轉化過，但與過去活躍於孩子生理器官中的，是同一股力量。

　　以等同於研究外部自然的認知能力來看待人類，需要的只是膽量，但現代科學卻不會這樣做。然而，假如我們這樣做的話，注意力都會被拉向屬於骨骼系統的所有事物，以及使人外形變硬以給予結構和支撐的每一件事。正統生理學最終可能會走到這一步——若非現在，也一定有走到的時候。科學最重要的分支正經歷相當大的變化，當他們能跟隨這個課程指示，這個時間點便會

11　編注：物質在相變化的過程中，溫度沒有改變的情況下吸收或釋放的能量。

到來。

　　但是也必須考慮其他事情。在往後幾年中，會介紹給孩子許多不同科目，例如幾何學。在當今智性的時代（intellectual age），人們對三度空間的概念是抽象的，我在此選一個非常簡單的例子來說明。

　　想像一下：「彼此垂直的三條線懸浮在空間中並延伸到無窮大。」我們可以形成這樣的抽象概念，但是在這種情況下，這並不是內在的經驗。然而，三度空間應該有現實體驗。這確實會發生在年幼孩子身上，儘管是不知不覺的、在爬行階段時，一次又一次的失去平衡，他最終將學會直立的姿勢並在世界上取得平衡。在此，我們便有了實際體驗三度空間的情況。這不僅是在空間中繪製三條線的問題，因為在三度空間裡，其中一個方向與人類直立的姿勢是相同的（這不是假設，我們可以測試，也就是用水平方式躺著或睡覺）。這個直立的姿勢顯示出人與動物之間最根本的區別，因為動物的脊柱與地球表面平行，與人類的骨架不同。我們每次都會在側舉並伸展我們的手臂時，不知不覺體驗二度空間。三度空間則是從我們的前身到後背。

　　實際上，這三個維度就是具體的上下、左右、前後。在幾何形狀中，僅僅是抽象的。**人類用身體去體驗到幾何構造中所展示的事物，但幾乎是在無意識與夢幻的年紀中。之後，這些體驗會**

▲彼此垂直的三條線懸浮在三度空間中並延伸到無窮大。

上升到意識，並呈現為抽象的形式。

　　隨著牙齒變化，導致內部硬化、固化與支撐的力量，將會達到高潮。從孩子可以站立的那一刻起，直到內部硬化過程表現在牙齒的改變上，孩子會在內在嘗試（儘管是無意識的）類似於繪畫活動的「身體幾何」（body geometry）。當牙齒發生變化，這就變成了一種心魂活動，也就是說，它進入到孩子心魂的領域中。我們透過類比，就能更好的理解這種轉化過程：就像沉積物沉到底部，當化學溶液冷卻時，會使上半部更清晰。因此也有一種生理方面的硬化過程——沉積，就像其對應的是「孩子心魂領域中的明確解決方案，會表現為幾何學與繪畫能力等等」。

　　這段期間之後，我們可以看到孩子的心魂特質向外流出。只要想一想這樣的發現如何引起對人類真正的興趣。我們就會更仔細的觀察到這向外之流，以及之後它將如何再度被反射回來。

第一講
教育改革的前提，必須真正且真實的理解「人類」

▲就像沉積物沉到底部，當化學溶液冷卻時，會使上半部更清晰。

在這方面，**生活中的一切都是連繫在一起的。我們所做的不僅會對孩子產生立即的影響，而且會影響他整個一生。**只有少數人準備好，將生命作為整體來觀察，但是大多數人只將注意力集中在當前的情況，例如有一個案例是，某個人創建了「只關切當下」的實驗。

另一方面是，你是否曾經觀察過某些老年人，只要他們在場，甚至不必說一句話，對其他在場的人來說就像是一種祝福？善良僅僅透過他們的蛻變，便從他們的存在中放射出來。而假如你現在去找尋這種老人的傳記，你可能會發現，當他們還是孩子的時候，很自然、在沒有外界的強迫下，就學會了崇敬感。我同樣可以說，他們學會了如何祈禱，我指的是最廣泛意義的祈禱，包括對另一個人深刻的尊重與敬佩。我想以一種圖像的形式來表達這個想法。**那些沒有在童年時期學會合掌祈禱的人，在老年**

時，就無法以祝福的形式擴展自己。

　　生命的不同階段都是相互連結的，而在教育中，最最重要的就是充分考慮這一點。當我們認識心魂力量如何在第一個七年結束時，順利完成在物質身體上的工作，我們就學到許多關於孩子的事。

童年時期的心魂發展，
會影響生命後期的健康狀態

　　心理學家提出了關於心魂與身體相互作用的奇怪假說，然而生命的其中一個時期，實際上將會照亮另一個時期。我們在孩子換牙到青春期之間所看到的，將會告訴我們一些事，是關於心魂力量在孩子身體之內預先從事的運作。事實將會為自己說話，並闡明另一件事。想想這樣的事情將如何在教育中激發出興趣！今日教育所需要的，是對人類的真正興趣。太多人在思考身體與心魂的關係，或是心魂與身體的關係時，只用了抽象的術語。而因為外顯且真正有價值的事太少，就有人制定出一個相當有趣的理論，也就是所謂的「心身平行理論」（psycho-physical parallelism）。根據這個理論，心魂和身體的過程是在平行的軌道中並排運作，

第一講
教育改革的前提，必須真正且真實的理解「人類」

無須煩惱其交點，也完全不需要煩惱心魂與身體之間的關係，因為根據假定，它們會在無窮遠處才相遇！這就是為什麼這個理論聽起來像是則笑話。

然而，如果人們允許實踐經驗的引導，就可以發現身體與心魂之間實際上的相互關係，且只需要查看一個人的一生即可。讓我們以在某個年齡發展出糖尿病或風溼病為例。當試圖要為這樣的疾病找到補救措施時，通常只會考量到當前的狀況——這本身是相當合理的。當發生疾病時，要盡一切努力來治癒疾病，這當然是相當正確的。但是假如人們調查患者的一生，可能會發現在很多時候，糖尿病是由於在換牙到青春期之間負擔過重或是以錯誤方式發展所造成的。**生命後期的健康，主要受制於人們在童年時期的心魂生命發展**。訓練孩子記憶的方式，將會在一段時間後才影響其新陳代謝。例如，如果未消化的殘餘記憶仍然存在介於7到14歲青少年之心魂中，他們將會在大約35到45歲之間釋放出身體的殘餘，然後導致風溼病或糖尿病。

教師在處理事情的時候，至少要有一定的醫學知識，而這不是輕描淡寫的建議。把有關孩子健康的一切事情都留給校醫是不對的，因為校醫通常不認識孩子。如果說，我們這個時代的任何職業都需要更廣泛的背景知識，那最需要的職業就是「教育」。

如何讓教育再次擁有「心」

這就是我在介紹此次講座主題時想告訴你們的，所以當你聽到別人說人智學也涉足教育，然而其他人相信在這個主題上，有某些更具價值的事情可說時，你就可以自行判斷了。準備好傾聽的人，不會受到那些認為教育沒有真實需求的人，或那些只因為過去在該領域的經歷非常沮喪，而認為這不值得討論的人動搖。**人智學以完全不同的態度開始，它不只想糾正舊的想法，且是從人類知識的真實圖像開始**，而隨著人類的進步，這些事情在今日已經是必要的了。

如果你回到早期的教育形式，你會發現它們都是由當時的大眾文化所產生，從人類普遍的感情與經驗而來。我們必須重新找到普遍且源於人類本質的途徑。如果有辦法的話，我每天都會為人智學取一個新的名字，以避免人們緊抓著它源自希臘語中的字面意義，這樣他們才可以做出相應的判斷。我們在這裡所做的工作，要用什麼名稱都是無關緊要的。唯一重要的是，我們在這裡所做的每一件事，都得聚焦在生命本質上，而我們永遠不會忽視它們。我們絕不能被誘惑，而實施宗派主義的思想（sectarian ideas）[12]。

12　編注：社會群體中因不同派系而產生偏見、歧視與憎惡。

第一講
教育改革的前提，必須真正且真實的理解「人類」

因此，從整體上來看待教育，我們遇到的意見是，已經有許多經過深思熟慮的教育系統了；但是，既然這個時代的智性主義中，我們都受了很多苦，若能把智力從教育中驅逐出去，是最好的。這是非常正確的，但得出的結論會是——與其發展教育科學，我們應該再次訴諸固有的教學本能。無論這聽起來有多麼可取，在今日都不可能的，因為人類已經邁入更進一步的發展階段，過去的健康本能在今日已經不復存在。若要重新且無偏見的看待教育，就必須回到完全有意識的認知，而唯有當我們的理解可以穿透人類本質，才有可能達到。這就是人智學的真諦。

　　還有一點是：智性主義和抽象主義在今日猖獗的程度，讓我們有一種普遍感覺，就是「孩子應該被保護，而不會接受到過度智性的教育，他們的內心和感受也應該接受教育」。這是完全正確的，但在看教育文獻與當前的實務時，人們會不禁注意到，這麼好的意圖不太可能走得很遠，因為同樣的情況又出現了，它們是以理論與抽象的方式制定而出的。這個意圖還不夠清楚的地方就是，這不該只是針對孩子，也應該針對老師以及最重要的教學原則本身，而我的目標就是要做到這一點。**在陳述我們希望如何教育孩子們的心而非只有智性時，不能只是說說空話，而是捫心自問應如何好好的面對這個挑戰。**我們必須做些什麼，才能讓教育再次擁有「心」？

第二講

走路、說話、思考，
看見孩子頭三年的真實成長

（1923 年 4 月 16 日）

　　首先，我們要試著更充分理解成長之人的本質，也要考慮到
生命的後期階段，以便從我們的發現中得出與教育有關的結論。
如同昨天的簡短概述，人類知識可以透過人智學的研究取得，它
與現代科學以及其他研究發現有著根本上的不同。當代文明所發
展出的人類知識基礎，來自於忽視人類心魂與靈性後所殘餘的部
分，是建立在人們觀察屍體產生的解剖學與生理學上面。而人智
學，則是從調查因為疾病或其他原因所造成的病理變化中獲得支
持，並得出關於健康之人的結論。並且，從透過這種方法所獲得
的結論，來形成判斷活生生且健康之人的背後態度。

對人類本質的知識必須成為教學本能，
才能立即且精確的回應孩子

人智學的途徑是從將人視為由身體、心魂與靈性所組織的實體。它試圖不用抽象與死亡的方式來理解人類，而是透過活生生的觀察模式，也就是**以活生生的概念來認識與理解人類整體的靈性、心魂和身體**。這種方法使我們能夠準確感知到發生於一生之中的各種變化。兒童的不同變化，取決於他是處於出生到換牙之間，或是換牙到青春期之間，或是在青春期之後的階段，而換牙到青春期階段，則是他們會接受班級導師照顧的時光。根據他們正在經歷這三個階段中的哪一個，人類將會是完全不同的。但這些差異是如此的深藏不露，以至於許多外部的觀察形式都無法看見。外部的觀察方法無法清楚洞察與判斷在生命的前三個階段中，身體、心魂有何不同。

教師一開始先獲得理論知識，然後思考：「我從理論上學到知識，現在將以其中一種或另一種方式，應用在教學上。」這肯定是不適當的。用這種態度，教師只會讓自身更遠離孩子的真實存在。老師需要將他們對人類的知識，轉變為一種更高的本能，無論是面對哪一位孩子，都能藉此本能做出正確的反應。這也是人智學對於人類的知識，有別於一般知識的地方，一般的知識最

多就只是導出一種常規式的教育方法，而非牢固的建立教學意義與教學實務。為了達成這個目標，一個人對人類本質的知識，必須在與孩子打交道的那一刻變成教學本能，也因此在應對孩子的每一個回應時，能立即且精確的知道在每一種情況下該做什麼。打個比方：有各種我們應該吃或喝什麼的理論，但是在日常生活中，我們通常不會遵循這樣的理論方向。而是根據人類身體組織結構——口渴時我們就會喝，飢餓時我們就會吃。飲食遵循著某種有節奏的模式是有道理的，人通常會在感到飢餓時吃，或感到口渴時喝；生活就是這樣。

形成合理與實務教學方式基礎的「人類知識」，必須在每一次老師面對孩子的時候創造出來，就好比飢餓與進食之間的關係。老師在特定教育情況時所給予的回應，必須如「透過進食來滿足飢餓感」般自然，而唯有人類知識已經滲透到肌肉和血液，以及心魂和靈性之中才有可能，如此一來，每次面對孩子的時候，才會直觀知道他需要什麼。**只有當你的內在擁有豐滿的人類知識時，才可以變成直覺，並且導引出適當的實務教學。**它並不是在心理實驗的基礎下，導出有關學生記憶力與集中力等的理論，因為這樣的情況，只會將智性思想插入理論與實務中，且這些的教育方法和實踐，呈現出的便是不真實的情況。所以，我們的首要目標，就是要能在生活中理解孩子的生命脈動。

第二講
走路、說話、思考，看見孩子頭三年的真實成長

未來整體生命的決定性因素：
從學習走路、說話，最後進入思考

　　現在，讓我們來看看幼兒如何成長並進入塵世生活。讓我們直接且簡單的觀察，我們發現，他們有三件事要面對，而這三個活動將成為未來整體生命的決定性因素。這些活動可以簡稱為「走路」、「說話」和「思考」。

　　讓・保羅[13]——這是他為自己取的名字——他曾經說：「人在生命頭三年學到的，遠比在大學三年中所學到的還要更多。」這是完全正確的，也是事實。即使現今在學院的學習時間拉長了，但其生命獲益，仍舊少於孩子們在整體生命中學習如何走路、說話與思考那一段時期。

　　當我們說孩子在學習走路、說話與思考時，實際意義是什麼呢？走路能力所包括的遠遠超過一般人意識到的。絕不是只有對年幼的孩子來說是這樣，在爬行階段之後，要設法站起來並踩出第一步，這是為了要在最後能發展出具有個體性與特色的走路方式。學習走路的基礎是內在的調整，是一種幼兒的內在定向。有

13　讓・保羅（Jean Paul，原名Johann Paul Friedrich Richter, 1763－1825），德國作家、德國浪漫主義文學先驅。

機體的平衡，以及在運動上的所有可能性，與整個宇宙的平衡以及運動的所有可能性有關，因為孩子就站立於其中。**當學習走路時，孩子正在尋找自己的平衡與整個宇宙的關係。他們也還在尋找人類在手臂與手的活動，以及與下肢活動之間的特定關係。**手臂和手的動作與心魂生活有某種特別的近似性，而腿部是停滯在後的，更多是服務物質身體，這對往後的整體生活來說非常重要。腿和腳的活動與手臂和手之間的區別，代表著人一生都需要尋求心魂平衡。

當幼兒要把自己的身體直立起來時，首先要尋求的是身體的平衡。但是當自由移動手臂和手的時候，他們也在尋求心魂的平衡。每個人都可以發現，比起表面上所能看得見的，隱藏在所謂的「學走路」背後的，更是無窮複雜。「學走路」一詞，只表示出我們在感官接收上最明顯且最重要的外在面向。當更深入看待這個現象時，就會使人想要用以下的方式來描述：學習走路是學習在自己的內在中，體驗靜力與動力的原理，並且要能連結到整個宇宙[14]。更好的說法是：學習走路是同時在身體與心魂中遇見

14　英文譯注：魯道夫‧史代納在接下來的演講中，運用不同方法來描述「靜力與動力」（statics and dynamics），其主要概念是休息（平衡）與運動。這兩個極端的力量在幼兒身上相當活躍，在走路時必須完全協調，因為身體重量會從一隻腳轉換到另一隻腳。孩子逐漸學習掌控這兩個力量的過程不僅是相當個人化的，對孩子的整體人生來說也具有重要意義。

動力學與靜力學，並將其連結到整個宇宙。這就是學習走路的意義。但是，透過已經從腿和腳的運動中解放出來的手臂和手的運動，某些事情發生了——創建出能實現純粹人類發展的基礎。因此，正在學習走路的孩子，會以自己的節奏和節拍向外適應那外部的、可見的世界，同時也向內適應整個內在。

因此，你會發現有一些非常值得注意的東西，交織進入了人類發展之中。腿部的活動以某種方式在身體上產生效果，讓心魂生命與切入生命的自然節拍，有了更強的連繫。在右腿和左腿獨特的調和運動中，我們學會了將自身與腳下事物連結起來。然後，透過腿部的動作解放我們的手臂動作，一種新的音樂與旋律元素，被引入我們腿部活動所製造出的節拍和節奏中。我們的生活內容（或者可以說我們生活的主旋律），將會鮮明呈現在我們的手臂運動中。反過來說，這個活動將在孩子學習說話時，形成發展基礎。從外表上來看，這已經透過以下事實證明，也就是：大部分的人，更強大的右臂活動，會與左邊的語言器官形成相對應。從腿部和手臂活動之間的關係來看（你可以在自由活動的人身上觀察到），還有另一個關係會隨之形成，也就是：孩子透過學習講話獲得與周圍世界的關係。

當你看到這一切是如何相互連繫與相互歸屬時，當你看到在句子的形成過程中，腿部是如何向上運作進入說話與內容，以及

單詞的含義是如何進入聲音發出的過程之中（也就是進入句子構成的內在體驗裡），你會對雙腳移動的節拍、節奏元素，是如何作用在移動中的手與手臂的主旋律和內在元素有所印象。因此，假如一個孩子能堅定的行走，甚至有勻稱的步伐；如果行走時沒有邋遢的傾向，那麼他就擁有身體的基礎（很自然的，這是一種靈性的表現，正如我們在後面會看到的那樣），並且對口說與書面句子結構，能擁有良好的感受。透過雙腳的運動，孩子學會形成正確的句子。你也會發現，如果孩子有著傴僂的步態，要在句子之間找到適合的間隔就會很困難，而且句子的輪廓會變得模糊。同樣的，如果孩子沒有學會和諧的移動自己的手臂，他說的話將會變得刺耳與單調[15]。此外，假如你無法協助孩子讓指尖變得敏銳，就無法在語言中發展出正確音量與說話方式。

　　以上都是指孩子學習走路與說話的那段時間，但也可以檢測出其他事情。你也許已經注意到，生命中某些過程的適當時間點有時候會受到干擾，某些發展階段會比預期的自然發展程序還要晚出現。但是，在這種情況下，你也可以看到如果鼓勵孩子先學習走路，也就是說，如果可以避免讓孩子在會走路之前先學會說

15　英文譯注：德文原文在此使用「intervall」這個字，僅表示聲音的高低差異，
　　而沒有聲音流轉的停歇之意。

第二講
走路、說話、思考，看見孩子頭三年的真實成長

話，就可以保障適當的順序。**語言必須在正確的步行與手臂自由運動的基礎下發展，否則孩子語言表達無法扎根於他們的整體存在之中。**取而代之的是，他們將只會含糊不清的說話。你可能會遇到一些人，他們說話的聲音聽起來是微弱的。這種情況，就是不夠關注我剛剛所試圖描述的特點。

孩子必須在走路、說話的基礎上來學習的第三個功能，也就是思考，思考應該會逐漸變得愈來愈有意識。但這個功能應該是最後才發展的，因為孩子的本質就是只能透過說話來學習思考。在早期階段，說話是孩子模仿聽到的聲音。當孩子感知到這些聲音時，他們腿部與手臂動作之間的特有關係已經根深柢固，會直覺的學習理解他所模仿出的聲音——儘管沒有將任何想法與所聽到的事物連結在一起。起初，孩子只會將感覺與迎來的聲音相互連結起來。而隨後才升起的思考，只能從語言中發展出來。因此，**對於成長中的孩子來說，學習走路、學習說話，最後才是學習思考，這是我們需要鼓勵的正確順序。**

現在，我們必須更深入這三個重要的發展過程。「思考」是（或應該要成為）最後發展出的功能，它總是具有鏡像或反映外在本質與其過程的特點。我們都知道，道德衝動並非源於思考領域，而是從我們稱之為「良心」的人類部分中升起，關於這個我們之後將會談到更多。無論如何，人的良心在穿透思想領域之

前，就已經在靈魂深處升起。另一方面，我們在童年時代所獲得的思考功能，只是為了調和所接收到的外在自然與其過程。因此，所有孩子的第一個思考，目的就是創建外在自然與其過程的圖像。

語言中的情緒，形塑著孩子細緻的組織結構

然而，當我們轉向學習說話時，我們會遇到截然不同的情況。關於這個功能的發展，當今科學只能做到初步的觀察。正統科學已經取得了很大的成果，例如在動物世界的調查上。而當我們將正統科學的發現與在人身上所發生的情況做比較時，有許多發現是值得我們給予充分肯定的。但是在關於理解孩子學習說話的過程是如何發生這件事，當代科學仍然處於黑暗之中。

這同樣適用於能透過聲音交流的動物。首先，我需要在這裡回答一個關鍵問題。為了說話，人使用喉部與其他的語音器官。較高等的動物也具有這些器官，是一種較為原始的形式。如果我們不考慮某些能夠發出聲音的動物（因為某些物種已經發展出某種唱歌），而是考慮那些只發出非常原始聲音的動物，就會想到一個明顯的問題（我不只從因果關係，也從相當功利的角度來提出這個問

第二講
走路、說話、思考，看見孩子頭三年的真實成長

題）。為什麼這樣的動物要擁有喉部以及臨近的器官，為什麼只有人類能用喉部來說話？雖然動物沒有能力使用它們來講話，但喉部依然存在，甚至非常明顯。比較解剖學（comparative anatomy）表明，即使是相對「啞」的動物（與人相比之下是啞的），依然存在這樣的器官。

　　事實上，這些說話器官至少在某種程度上，注定只有人類才能真正使用。動物雖然無法使用這些器官說話，但動物還是擁有它們。這是什麼意思？更先進的生理學會發現：各種物種的動物形態（每一種情況），都取決於動物的喉部與其相鄰的器官。例如，假使某種動物成長為獅子，必須從牠的上胸器官去尋找根本原因。從那裡，力量會輻射出來產生獅子的形態。如果動物生長為牛，這種特殊形態的原因可以在形成人類言語器官的力量中找到。從這些器官中，創造出的動物形態的力量會輻射出去。未來有一天，要學習如何更現實的處理「形態學」（morphology）[16]，就必須有詳細的研究。然後人們會發現如何才能正確的研究動物的形態，如何掌握上胸器官的本質與其傳遞到口腔器官的方式。因為就是該區域輻射出的力量，創造出了整個動物的形態。

16　編注：生命科學的研究分支，觀察並研究生物體與其族群的總體構造，以及演化時的結構改變與生物體間的差異。

人根據能直立行走與自由移動手臂的基礎，將這些器官打造成說話的器官。他們透過周圍環境，吸收作用在聲音與說話上的東西——假設我們處理的是當今的時代。他們用這個方式吸收了什麼？想一想，存在於這些器官的潛能，是如何賦予整個人體有機組織形式的。這意味著，假如孩子聽到憤怒或暴躁的聲音，如果他被大聲且脾氣暴躁的喊叫所圍繞，就會吸收某些動物拒之在外的東西。該動物只能透過喉部及附近的器官塑造自身，但是人類則會允許強烈或暴躁的聲音進入他們的內在。這些聲音流入他的形體，直接進入他們最細微的組織結構中。如果孩子的周圍環境只聽到溫和的話語，這也會流入他們最細緻的組織結構中。它會完完全全的流入他們的形體之中，尤其是進入組織中更精細的部分。如同動物的情況，粗糙的部分能夠承受這些影響。但是，透過語言的流傳，無論如何都會進入孩子細緻的組織部分。這就是各個民族不同組織的產生方式，都是透過語言的講述中流出。因此，**人類就是語言的烙印。你將能在人類演化過程中，欣賞到許多人學會說幾種語言的意義。它將會使這些人更完整**。對人類發展來說，這些事情至關重要。

　　因此，我們在童年早期階段看到，人類的內在（直到血液循環之中）傾向環境所帶來的東西，而這些影響力對人類思考生活的方向起了作用。「人類在學習說話時發生了什麼事情？」這就是

第二講
走路、說話、思考，看見孩子頭三年的真實成長

我要求你認真思量的事。透過比對人類本質與動物發展，就能好好理解人類的能力。如果動物可以表達有什麼活在牠形塑與成形之中，並且會從上胸器官放射出去，牠會說：「我的外形符合自上胸器官和口腔器官所淌出的東西，而我不允許任何會調整這個形體的東西進入我的身體。」若動物能夠說明，就會表達出這樣的關係。另一方面，人類會說：「我的上胸部與嘴巴，適應了透過語言作用的世界進程，從而調整了最內在的組織結構。」

　　人類透過語言，使最內在的生理組織（而非外部組織）適應來自周圍環境的事物，這樣的發展方式與動物相似。若要理解整個人，這是至關重要的。在語言之外，思考的普遍方向獲得發展，而正是因為如此，人在生命的頭三年時，將自己完全交付給來自外部世界的東西，然而動物則被僵固的封閉在其自身內部。於是，我們在這三年中發現自身與「靜力和動力」的關係，之後是說話，最後是思考，這樣的意義是如此深遠。以正確的方式發展這個過程是必要的。毫無疑問，大家都知道，這會以各式各樣的方式發生在每個人身上。

睡眠與清醒的正確關係，
如何影響孩子說話與行走

　　這些過程是否在適當的進程中，取決於許多因素。但在童年的第一個階段中，最基本的因素是孩子的睡眠與清醒之間必須有正確的關係。這意味著我們必須能掌握關於孩子需要多少睡眠，以及多長的清醒時間的本能知識。例如，假設孩子在相較之下睡得太多了，這種情況下，將會發展出抑制其腿部活動的趨勢。如果孩子的睡眠太多，內心深處將會失去走路的意願，行走將會變得像在昏睡一樣，並且在說話上也變得懶惰。這樣的孩子無法發展出適合的說話流暢度，而且說話的速度會比根據自然天性該有的速度來得慢。當我們在往後生活中遇到這種人的時候（除非之後的學校時光能校正這樣的失衡），有時候會感到絕望，因為這樣的人給了我們機會——也就是某些人說的：「在每兩個字之間都等一段時間。」他們難以從一個單字接到下個單字。而且假如我們碰見他們，並且看看他們的童年，會發現當他們在學走路的時候，被允許睡得太多。

　　現在，讓我們以父母或照顧者，無法確保孩子能依照年齡有適當睡眠長度為例。這樣的孩子，其內在無法獲得對腿部移動的必要控制。他們無法正常行走，會有懶散的步伐。說話時，他們

第二講
走路、說話、思考，看見孩子頭三年的真實成長

的心魂力量無法讓字連續的流動，而只是脫口而出，句子間的字無法連貫。這樣的情況與難以找到適當字眼的孩子相當不同。在這裡，過剩的說話能量使它無法從一個單字進到另一個單字。因此在剛剛的情況中，我指的則是相反的情況，也就是「缺乏必要的能量」。這些字彼此跟隨，卻沒有跟著心魂一起流動；相反的，孩子會等待合適的時機「點擊進入」下一個單詞。如果是極端情況，就會結結巴巴的。如果發現一個人說話有結巴的傾向，特別是在他們的二十多歲和三十多歲時，就可以確定他們在年幼時沒有足夠的睡眠。從這裡，你就可以看到對人類的了解，可以提供我們需要做的事情的基礎。

幼兒的心魂與靈性發展仍然是合一的

現在讓我們考量整個人類有機體，並且看看在最初三年之中，它如何適應塵世生活的條件，並且在允許自主運動功能基礎下，靜力與動力的原理如何流入透過語言氣氛形塑所產生的內容中。在這個過程中，還有更多會影響思考發展的東西。將這種情況與成年人比較，你會在孩子身上看到，這些內在動力——走路、坐立不安、手臂運動和創造心智圖像——的協同作用比較強

大。在孩子之中，一切都會匯流進入整體，且比成年人還要更多。

　　在其他方面，與成年人相比，孩子仍然是更「同質」（homogeneous）[17]的存在。例如，若身為成年人的我們有在吸食甜食（我們真的不應該這樣做），這僅僅是對舌頭的些微刺激，甜味無法再更深入。但孩子的狀態不同，對他們來說，味道會持續蔓延。孩子不會告訴我們這些事，我們也不會注意到，然而這個味道會持續影響整個孩子。你們之中的許多人，肯定已經觀察到這會如何發生，根據個別結構，某些孩子會被心魂與靈性力量強烈穿透，而這個特性會如何表現出來？來看看這個活潑的孩子，當他站立於桌子上與裝滿糖的碗有一段距離的時候，看看他的手臂和腿，會比看他的嘴巴還有趣。開口說的多或少，是顯而易見的，但是孩子發展慾望的方式，會直接進入腳趾頭或手臂，引導他向糖碗走去──你可以清楚看到他不只舌頭期待甜味，孩子整個人都在發生變化。在此，品嘗會流動穿越整個人。如果能沒有先入為主的看法便進入這些事情，你將會了解到，**從某種意義上來說，幼兒實際上是一個巨大的感覺器官。這樣的狀況主要是在最初幾年裡**（出生到換牙之間更普遍），**而在後來的幾年會自然而然的減少。**

17　編注：科學與統計學概念，用以描述生物組織與物質的均勻性。

第二講
走路、說話、思考，看見孩子頭三年的真實成長

那些被限制在成人體外感覺器官的東西，在孩子身上，卻滲透到他的整個身體中。

當然，你必須用一定的辨別力來理解這些事情，但從根本上來說，它們是真實的。它們的存在是如此真實，以至於有一天，正統生理學將能夠用觀察「最顯眼的感官器官」（也就是人的眼睛）來證明。人們經常詢問我：「考量目前的科學狀態，你推薦合適的論文主題是什麼？」（這也是屬於「學校苦難」的一章。）如果生理學的學生問了這樣的問題，我會將他們引導到一個熱門問題上。我告訴他們，要去觀察胚胎中人類眼睛的發育過程，然後比較這些階段與整個胚胎從萌芽開始的各個相應階段。這會引領他們在眼睛和整個胚胎的發育過程上，看見某種逆向平行的關係。他們會發現，在某種程度上，眼睛的發展比較晚開始，它省略了第一個階段。相比之下，實際存在的胚胎則從未如同眼睛一般達到最後階段，而是會提前停止。這指出了對胚胎學來說，具有某些重要意義的東西。如果觀察胚胎的整體發展，就會辨識出，在這些起始階段，我們會觀察到的，可能只是作為指示而存在的理想階段。眼睛繼續發展成為完善的感覺器官，而胚胎在其發育的過程中仍然是落後的，之後才繼續進一步成長。

但是幼兒的整個心魂和靈性發展情況仍然是合一的，孩子的感官是傾瀉而出的，遍布在整個肉體上。某種程度上，孩子完全

就是一種感覺器官，並以這種方式面對這個世界。必須牢牢記住的是，這不只與教育有關，也跟在換牙之前發生在孩子周遭環境的每一件事有關。後面階段，我們將會討論教學實務方法。然而，只要能用正確角度看到這基礎，就可以找到人類特定問題的正確答案。我已經掌握了其中之一，而對於不只從外部來看人類演化，以及觀察眾所皆知的歷史面向的人來說，都是非常重要的。

比起遺傳，環境對成長的影響更深遠

如你所知，過去關於罪與原罪的討論，比今日的習慣還要多。但是現在我不想討論這個問題的細節，只是想要表示，研究這些問題的人，就如同我們今日研究一般科學學科（這不是當前流行的概念，且這些事情已經變質了）。對於那些好奇的人來說，原罪代表著所有遺傳特徵[18]，也就是原罪被認為是該人從祖先那邊繼承的東西——這就是過去這種表達的實際概念，只是後來變成了

---

18 英文譯注：在德文原文中，「原罪」（original sin）使用的是「Erbsunde」這個字，代表「繼承而來的罪」。

第二講
走路、說話、思考，看見孩子頭三年的真實成長

我們今日所想的關聯。在早期，肯定會感覺到從祖先那裡繼承的身體特徵會產生罪。

　　但是，今日的我們會怎麼說呢？我們不僅選擇相信最仔細的遺傳特徵研究，甚至鼓勵培養！如果要求用早期科學形式來判斷現代的態度，就會有這樣回應：「你所謂的進步，讓你成功提出了最非凡的原則——實際上，你在教社會培養人類中罪的起源！」我們僅從史書的膚淺紀錄去認識歷史事件，所以不會注意到這種解釋的細微變化。

　　如果你研究我今天所訴說的內容，也就是孩子如何透過動力與靜力的關係，透過學會說話和思考，讓自身適應環境，那麼你將能夠區分在純粹的身體遺傳與環境的影響之間，哪一項影響會遠比一般人所意識到的還要強大。我們經常聽到有人說，某人從父親或母親那裡遺傳了特定的特徵，而實際上，這僅僅只是來自於童年期與之親近的人，因為他模仿了某種行走方式，或有某個手勢特徵，或是特定的說話方式。**孩子完全臣服於環境的影響，在最初幾年中，遺傳並不是極端重要。**遺傳理論在其適當的地方具有其合理性，但是當我說到在那柔軟土地上所印出的足印時，也必須用我昨天所說的前後關係去看待。

　　假設現在有火星人出現在地球上，他們並不熟悉人類，可能會透過下面的方式來解釋這些足跡的起源：某些力量推動了大

地，有些地方推得多，有些地方推得少，而造成了這些腳印結構。這就是某些人解釋「人的心魂是基於遺傳本質以及大腦運作」所造成的結果。正如足跡是從外部壓入大地的，**透過學習走路、說話和思考，孩子模仿階段的經歷中，環境的影響力會被烙印在體內**，特別是在大腦和神經系統中。

▲不熟悉人類的外星人，可能會用這樣的方式來解釋腳印。

正統身心學（physical psychology）所堅持的完全正確。大腦是個體心魂的明確烙印。只需要知道大腦不是心魂元素的起因與創造者，而是心魂發展的基礎。就像我行走時不能沒有腳下的地面一樣，我也不能在作為身體存在時，想要思考卻沒有大腦。這是顯而易見的。但是，思考和說話的活動會將從周圍世界接收到的東西進行烙印，而大腦只不過是地面。這並不是遺傳問題。

第二講
走路、說話、思考，看見孩子頭三年的真實成長

周圍環境的語言會滲透進內在，
影響孩子的整體生命

　　也許現在你可以看到，對於孩子在「非學術」的前三年之間所發生的事情，人們似乎只有模糊的觀念。很大程度上，這個期間為人的內在生命與結構奠定了基礎。我已經說過，思考會晚一點才發展且如何轉向外在世界，它會形成自然世界及其過程的圖像。但是較早開始發展的說話功能，會吸收語言上的靈性——至少是在細微的差別與修改的形式上。而語言來自孩子的環境，會在孩子的心魂上起作用。**透過語言，我們從周圍環境中吸收了我們在心魂領域中所創造出的東西。周圍的所有心魂氛圍（soul at-mosphere），會透過語言這個媒介滲入我們。**而我們知道孩子是一很大的感覺器官；我們也知道，內在過程就是透過這些心魂的印象所開創的。

　　例如，如果一個孩子經常暴露於過於暴躁易怒父親的情緒噴發中，孩子所說出的話就好像在不斷的憤怒當中，他會透過父親形成話語的方式，內在經驗到父親的整個心魂背景。這不只對孩子的心魂產生了影響，而且透過周圍的憤怒氛圍，也會導致細小腺體分泌物更活躍。最後，這個孩子的腺體就會習慣分泌物的強烈活動，而這會影響到孩子的整體生命。除非這些有害的影響能

透過日後的正確教育取得平衡，否則在任何憤怒的氛圍中，都會出現緊張焦慮的傾向。在這裡有一個例子，說明某種心魂狀況是如何直接進入與影響生理組織。人們通常會試圖理解人類心魂與身體之間的關係，但是根本不會注意到像這樣的事實，也就是：**在生命的第一個階段，生理狀況會直接表現為心魂領域中的症狀。**

孩子透過周圍環境，會無意識的學習某些重要的事物

當孩子透過周圍環境，進入靜力學與動力學的領域時，便無意識的做了某些非常重要的事。想一下，就算只有在力學領域中，對許多學習並運用靜力和動力的年長學生來說，這有多麼困難。年幼的孩子是無意識的，將靜力和動力包含整個存在之中。人智學的研究向我們展示了，比起孩子在學習走路時所涵蓋的這些複雜力量，就算是在靜力學與動力學中最有成就的專家，在駕馭外部世界的靜力與動力上，仍然是小兒科，而孩子是透過模仿做到的。這裡提供一個機會，可以觀察在這種情況下，模仿產生的奇怪外部效果。你可以在生活中找到許多例子。以下是我提供

第二講
走路、說話、思考，看見孩子頭三年的真實成長

的一個例子，這個案例發生在很多年前的德國中部小鎮。曾經有兩個年齡大致相同的女孩，她們並肩而行。她們走路時會彼此跟隨，她們都有一隻腿是跛的。雖然兩個人都呈現同樣的肢體動作，但右臂和右手指較靈活，而她們舉起左臂和左手指的方式，比起右邊明顯有些僵硬。兩個孩子精確的複製彼此。年紀較小的那一個，完全複製了年紀較大的那個。然而，只有姊姊的左腿是受損的，妹妹的雙腿是完全正常的。只有透過純粹的模仿，她才能複製出殘障姊姊的動作。你可以在任何地方找到類似的案例，儘管許多案例不會那麼明顯，而且很容易會被忽略。

當孩子在學習走路、當這件事使靜力與動力的法則融入自身時，就接受了環境的靈性。我們可以這樣表達：學習走路時，我們就掌握了環境的心魂元素。而孩子在第一次進入塵世生活後應該先學習什麼——在環境中掌握靈性。靈性、心魂和身體——靈性、心魂和自然——這就是周圍世界接近人的正確順序，但是當我們掌握周圍的心魂元素時，也為未來生活中的同感與反感奠定了基礎。這些東西安安靜靜且不經意的流入我們。我們學習說話的方式，同時也是獲得某種基本的同感和反感的方式。這一切之中，最奇怪的面向是，能發展出看見這些東西的眼睛（當然是心魂的眼睛）的任何人，就能從孩子的走路方式中發現：**無論是走路時更常使用腳後跟或腳趾，或是有堅定的步伐還是輕手輕腳，都**

在為孩子往後要發展的道德品質預作準備。因此，我們可以說，孩子在學習走路時也同時吸收了靈性元素，而環境中的道德元素也流入其中。如果可以學會覺察孩子移動雙腳的特徵是如何預示出道德品質，就是一件好事——無論會發展成道德上的好人或壞人。最自然的狀態，屬於我們在兒童時期透過思考所吸收的東西。我們透過語言吸收的東西已經被心魂元素滲透、我們透過靜力與動力，使自身被道德和靈性力量滲透。但是這裡的靜力和動力，並不是在學校中學到的那種知識；這裡的靜力與動力，是直接出自於靈性。

最重要的是，要以正確的方式看待這些問題，這樣人們就不會得出那種「主要是基於生理面向的心理學概念」。在這種心理學中，當人們閱讀本書前69頁設法建立的正當細節時，卻發現與心魂相關部分不自然的卡住了。今天，人不再談靈性，是因為被大公會議（Ecumenical Council）所廢除，他們宣稱人並非包括身體、心魂和靈性，而是只有身體和心魂，而後者具有某種靈性特性。[19]

中世紀時，人的三分法（身體、靈性、心魂）被教條式的禁止。而今天，當代「正確的科學」開啟了心理學，宣布人僅由身

19　西元869年，第八屆大公會議於君士坦丁堡舉辦。

第二講
走路、說話、思考，看見孩子頭三年的真實成長

體和心魂組成。毫不知情且沒有意識到「正確的科學」發現是多麼的不足，仍然堅持著中世紀的教條主義。最博學的大學教授遵循著這種古老的教條，對此沒有絲毫的概念。為了獲得準確的人類圖像，必須認識這三種構成的成分，分別是：身體、心魂和靈性。唯物主義的心智只能掌握人的思維，而這是他們的悲劇。唯物主義對物質的了解最少，因為它看不到靈性透過物質而作用（只能教條化），只看到物質與其影響，但卻不知道靈性滲透了所有的物質。如果人們想描述唯物主義，只能訴諸矛盾的定義──唯物主義是看待世界的觀點，卻一點也不了解它。

重要的是，**要確切知道介於身體、心魂和靈性的現象的邊界在哪裡，以及它們如何接連影響另一項**。在看待孩子生命第一階段成長時，這是特別重要的。

第三講

教育最重要的方法，
便是以自身為榜樣

（1923 年 4 月 17 日）

　　昨天，我指出了在學習走路、說話與思考（幼兒時期最重要的三種活動）之中，所牽涉的事情比外顯的還要多更多。我也表明了若完全不區分內部與外部的事物，就不可能觀察出「人」到底是什麼。在研究由身體、心魂與靈性所組成之全人組織時，特別需要發展細緻的「區辨能力」，在教育領域之中更是如此。

　　首先，讓我們來看看號稱非常簡單的「學走路」到底是什麼意思？我已經提過，在這項活動中，有一部分與孩子如何在周遭物質世界中建立平衡有關。人的一生與靜力及動力的關係，都與這項活動有關。此外，我們已經看到了人如何尋求及努力保持平衡，而且手臂與手，以及腿部與腳之間的動作差異，形成了孩子

第三講
教育最重要的方法，便是以自身為榜樣

的言語功能基礎。而逐漸誕生的全新思考功能，是如何從「學走路」這個功能中出現呢？然而，在孩子學走路時所要掌握的這個動力系統中，還存在著在根本上具有不同特徵的其他事物。我昨天已經簡短解釋過，但我們現在必須更充分的考量它們。

童年的第一個階段：
孩子會於內在複製出周遭的一切

　　永遠要牢記的一點是，**在童年時期的第一個階段，一直到換牙齒之前，孩子在很大程度上就是一個巨大的感覺器官**。這使得孩子能接受來自周圍環境中所發生的每一件事。但在他們的環境中所發生的事情，也會使他們的內在重新創建每一件事。如果要選擇一個特別的器官來比喻，可以說，年幼的孩子就如同眼睛一樣。正如眼睛接收了外部世界的刺激、保留在其組織之中，再複製出所發生的事情，人類在生命的第一個階段，會於內在複製出圍繞著他的一切事物。

　　然而，孩子會以特定且典型的內在經驗形式，接受來自環境中的事物。例如，看到父親或母親移動了手或手臂，孩子會立即感受到想要進行相似動作的衝動。因此，透過模仿環境中他人的

動作，嬰兒平常不規則與煩躁的運動，就會逐漸變得更有目的性。在這樣的方式中，孩子也學會了走路。

　　但是，我們不能過分強調獲得這項功能的遺傳面向，因為不斷引用遺傳概念，只是當代自然科學界的一種流行。無論孩子在走路時更傾向於先放下腳跟還是腳趾，也是因為他模仿了父親、母親或其他任何親密的人士。而孩子更傾向模仿父親還是母親，則取決於他與這位特定之人的連結有多麼緊密，也就是生命「連結之間」的吸引力——如果我可以這樣說的話。這裡發生了一個極佳的心理生理過程，當今的遺傳理論是遲鈍的工具，無法發現這一點。用更圖像的方式來表達：就像較粗的顆粒會被篩子留下，只有較細的顆粒能從篩子的網格落下；當代世界觀點的篩子，只會讓實際發生的細微元素漏失。在這種方式下，孩子與父親，或孩子與母親之間，只有粗略的相似性、只會考慮生活中「簡單粗糙」的面向，而無視了生命中更微妙與細緻的地方。然而，教師與育人者需要一雙被訓練過的眼睛，來看待人的特別之處。

　　現在，人們很自然的認為，一定要有深深的愛才能激勵孩子去模仿特定的人。但是如果人們能看見「愛如何在生命後期揭露」，人們會意識到，如果主張孩子是透過愛做選擇，即使是充滿愛的人，也無法完全理解實際上所發生的事情。事實上，孩子

第三講
教育最重要的方法，便是以自身為榜樣

選擇模仿的動機甚至是比愛更高，孩子是受到人在往後生活中稱之為宗教或虔誠奉獻感驅使。儘管這聽來可能是矛盾的，然而這是真實的。孩子模仿時的整個「感覺與身體行為」，來自身體的渴望嚮往，並且被感受充盈，而這感受只能在往後生活中、深厚的宗教奉獻或參與宗教儀式中才能塑造。在孩子生命的最初幾年之中，這種心魂態度是最強烈的，而這態度會持續下降，直到換牙為止。新生嬰兒的「物質體」（physical body）[20]完全是被深深的宗教奉獻內在需求所滲透。我們在往後生活中所說的愛，只是這種虔誠奉獻之崇敬的弱化形式。

可以說，**直到換牙齒前，孩子根本就是為了模仿而存在**。但那種透過孩子模仿，在生命之血中脈動的內在經歷，就是在身體上，化為肉體的宗教——在此，我必須祈求你不要誤解我所說的話，有時候必須訴諸陌生的表達方式，來描述某些已經與我們文化格格不入的事情。直到換牙齒前，孩子一直活在某種「肉體宗教」（bodily religion）之中。我們絕不能低估這微妙的影響（人們也可以稱之為不可思議的影響），也就是：唯有透過孩子的感知力量，才能從環境中放射出來、喚起模仿的衝動。我們絕對不能低估這

20　編注：在魯道夫‧史代納的理論中，人類生命由四個主要層次體構成，分別是：物質體、生命體（也稱為「乙太體」）、感知體（也稱為「星芒體」）、自我體。

個孩子在幼年時最根本且最重要的面向。稍後，我們將會看到這對教育原則與實務方法來說，都有巨大的意義。

教育，必須看見心魂與心魂之間的交流

至少可以說，當代自然科學在查驗這類問題時，使用的方法似乎很粗糙。為了闡明我的意思，我想告訴你「數學家之馬」的案例，這個案例在德國引起了一陣轟動。我本人還沒有看到杜塞爾多夫（Dusseldorf）的這些馬，但是我仔細觀察了奧斯丹（Herr von Osten）位於柏林的馬，牠們在這個事件中扮演著相當重要的部分。見證他的馬有多擅長簡單數學計算真的非常神奇。這整個事件引起了極大的轟動，所以有一所大學的講師很快就發表了關於這個現象的論文，得出了以下結論：

「這匹馬擁有異常良好的知覺，可以感知站一旁的主人，也就是奧斯丹細微的面部表情。這些面部表情是如此精細，即使是人也無法檢測出來。而當奧斯丹給予他的馬算數題時，他的腦海自然知道答案。他會用非常微妙的面部表情將答案傳達給這匹可以感知的馬。而透過這樣的方式，牠就可以在地上『踩』出正確的答案。」

第三講
教育最重要的方法，便是以自身為榜樣

然而，如果人們的思考比當代數學科學更精妙，可能會問這位講師要如何證明他的理論。然而，對他來說，這是不可能做到的。另一方面，我自己的觀察結果使我得出了不同的結論。我注意到的是，在奧斯丹的灰褐色外套裡面，有個大而鼓起的口袋，當他在示範時，會從口袋中拿出糖塊與小糖果放入馬的嘴巴。這能確保一種特別緊密且親切的關係，在駿馬和主人之間有著以身體為基礎的密切關係。而由於這樣親密的身體關係，這種根深柢固的依附，就會不斷更新，男人與馬之間有非常緊密的心魂溝通。比起這匹馬可能相當聰明，可以透過外在觀察主人的面部表情，這是一種更親密的過程。確實，真正發生的，是心魂到心魂的交流。

如果在動物身上都可以觀察到這種現象，那麼就可以理解那種心魂交流，也可以存在於幼小的孩子之中——特別是如果他有深深的被宗教奉獻所滲透。**你必須了解孩子的每一件事，是如何從這種宗教情態中長出來，且仍然是完全以身體內部為中心。**任何人都可以觀察到孩子如何臣服於內在的宗教態度、臣服於周圍世界的影響，而任何人都可以辨別出每一個孩子在這些過程中傾注於靜力與動力的力量，並且從這種身體反應中，精確的發現他

往後命運的內在衝動。這聽起來很奇怪，歌德[21]的朋友科內伯爾[22]在年紀大的時候對歌德所說的話，仍然是真實的：

「回顧過往生活的人都會發現，當我們經歷了一個重大事件，然後回頭看導致事件的原因時，這時會很明顯的發現，其實是我們被引導著走向它。我們會發現，這不僅是過去的一步，而是過去一系列的步驟，且現在會發現，我們似乎一直以深深的內在心魂衝動，努力朝這個決定性的事件前進。」

如果這樣的事件與他人有關，相關人士就會認為（假若一個人可以從生活的動亂中解脫，並感知到身體存在上的細微差別）：「這不是幻想，也不是我在做夢；但是，如果在人生的決定性時刻，我發現有另一個人，他與我有著勝過他人更緊密的連結，那我確實是一直在尋找這個人。在我們第一次相遇之前，我一定早就認識這個人了。」

生活中最親密的事情，與孩子如何進入靜力與動力的領域，是緊密連結的。如果一個人可以發展出觀察此類事情的能力，那

21　歌德（Johann Wolfgang von Goethe, 1749－1832），戲劇家、詩人、自然科學家，其思想深深影響魯道夫・史代納。

22　科內伯爾（Karl Ludwig von Knebel, 1744－1834），德國詩人，曾於德國魏瑪宮（Schloss Weimar）擔任私人教師。

第三講
教育最重要的方法，便是以自身為榜樣

麼就會發現每個人的命運，在孩子如何把腳放在地上，或者如何開始彎曲膝蓋，或者如何開始使用手指的方式上，就已經以一種奇怪的感官感知（sense-perceptible）形式開始了。這一切不僅是在外部或物質上具有意義，且反映了人類存在中，最靈性的東西。

走路、說話、思考，
孩子的生活圈一步一步走入全體人類領域

當孩子開始說話時，會開始適應更廣大的圈子。學習母語時，這個圈子囊括著共享相同語言的所有人。現在，孩子不再受限於提供更親密社會背景的狹窄圈子。要活進母語之中，孩子還要適應某些比靜力和動力更廣大的東西。可以說，在學習說話的時候，孩子活在其民族心魂中、進入母語的天賦中。而由於語言是徹底靈性的，因此孩子仍然活於某些靈性上，但不再是與個體有連結的靈性，某些屬於個人命運，而某些事情會將孩子帶入更廣泛的生活圈。

而當孩子學習思考時——嗯，在思考中，我們不再停留於個別領域中。例如，在紐西蘭，當地人的思考與我們當今此地確實是相同的。幼年時，我們透過語言發展思考，我們在整個地球領

域中適應自己。說話時，我們仍然保持在一個較小的生活圈內。思考時，我們則進入全體人類領域。這就是孩子的生活圈如何透過走路、說話和思考來擴展。透過區辨，人們會發現孩子適應靜力與動力的力量，以及與整個世俗生活的未來命運之間的基本連結。

在此，我們看到了「人的個別性」，而在人智學中，稱之為「自我」（I-being）。對我們來說，這個詞沒有任何抽象層面，只是用來指出一個人類的具體特徵。同樣的，透過語言媒介，我們看到人之存在中浮現出一些東西，這與單獨的「我」（I）完全不同。因此我們說，在語言中，人的「星芒體」（astral body）[23]正在起作用。這個星芒體也可以在動物世界中觀察到，但不是以向外的方向運作。在動物中，星芒體與內在存在的連結更高，並創造出動物的形。我們也創造了我們的形，但是我們拿走了形塑元素的一小部分，並用來發展語言。在說話時，星芒體積極參與其中；而思考則有著普遍的特性，與另外兩種功能（走路與思考）明顯不同，**當思考開始運作時，我們可以說人的「乙太體」（etheric**

23　編注：人的四體中的「星芒體」（也稱為「感知體」），人類、動物都有星芒體，然而植物並沒有星芒體。植物處在睡眠狀態、沒有意識，而人類與動物則是醒著的，因為星芒體的作用而有意識與感受。

第三講
教育最重要的方法，便是以自身為榜樣

body）[24] 在起作用。唯有看見人類的感知接收方式，我們才會發現整個物質體是和諧運作的。

　　我不介意或多或少的將這些陳述暫時視為定義，這並不是重要的問題，因為我們沒有興趣爭論哲學問題，只是試圖指出生活本身所揭示的。而這需要以人類知識為基礎，這些知識可以使我們採取真正的教育形式，一種包含理論與實務的教育形式

　　看待這樣的發展進程時，我們發現人類的最高級成員，「我」，是第一個出現的，隨後才是星芒體和乙太體。此外，我們可以看到作用在我、星芒體和乙太體之中的心魂與靈性組織，在換牙之前如何作用在物質體中。這三個成員都作用在物質體。

童年的第二個階段：
孩子的思維，只能與圖像結合在一起

　　第二階段，也就是換牙到青春期，宣示著能影響孩子一生的巨大變化。我們最初可以從一個特定的現象觀察。你認為，幼兒

24　編注：「乙太體」（也稱為「生命體」），是超越人類物質身體之上，以一種生命力在人類、動物、植物中運作，進而產生生命現象。

時期最引人注目的因素是什麼？正如我剛才所描述的那樣，就是奉獻給環境的孩子之身體宗教（physical-religious）。這真的是最決定性的特徵。然後孩子失去了乳齒，隨之而來的是需要用好幾年才能發展的某種心魂靈性體質，特別是在換牙到青春期的期間。

你看，生命第一個階段在身體內運作的，會在晚一點之後，也就是孩子經歷青春期後再次出現，並轉化為思想。幼兒無法以任何方式，發展出能導致宗教奉獻經驗的思想。在童年這段時期（首度出現於換牙之前，但也會一直持續到青春期），我們可以說，這兩件事會彼此保持距離。孩子的思想，即使在換牙到青春期之間，仍未能掌握宗教元素。人們可以將這種情況，類比某些來自山上源頭的高山河流，在流淌的河道上，當河水流入地下洞穴時，似乎就突然消失了，而只有沿著進一步的水路低處找才會重新出現。這個類比，顯示出自然的宗教崇敬向內撤回的那幾年，導致了換牙、完全轉變了心魂的特質，並且似乎完全消失了。直到生命後期，當人能有意識的體驗宗教氛圍時，它就會再次出現，掌握一個人的思考與想法。

如果人們可以觀察到這種轉變，就會發現外部觀察可以更有意義。正如我已經在第一講中所提及的，我不反對外在形式的觀察，這是完全合理的。然而，與此同時，我們必須意識到，這些方法無法為教育藝術提供基礎。舉例來說，實驗性的兒童心理學

第三講
教育最重要的方法，便是以自身為榜樣

發現了孩子的好奇現象，孩子的父母焦急的試圖培養宗教態度、試圖對孩子鼓吹宗教，但是這些孩子在學校的宗教課程中得到的是不好的結果。換句話說，可以確定的是，在初等教育階段的這些年裡，兒童在宗教教育上的成就與父母的宗教態度之間，「相關係數」非常低。

然而，只要看看人類本質，就足以發現為何會有這種現象。無論這些父母多麼頻繁的談論自己的宗教態度，無論他們說的話多麼漂亮，對孩子來說都沒有意義，只是耳邊風。**任何指向孩子智性的事，即旨在吸引孩子感受的術語，至少在換牙前都不會造成任何影響**。要避免這種掉以輕心的狀況，唯一的方法就是孩子周圍的成年人，要透過行動和日常行為，讓孩子有機會模仿與吸收到真正的宗教元素，並且直接進入最細微的血液系統銜接處。然後，大約在第7年到第14年之間，會在孩子的內部作用。就像高山河流進入地底一樣，在青春期時，將以概念化能力的形式再次浮現。

因此，我們不會感到驚訝，如果以大量的外在虔誠與宗教感受來幫助孩子的福祉，是無法達到目的。唯有在兒童身邊展現行動，才能真正影響他們。有點自相矛盾的是，孩子會忽略單詞、道德告誡，甚至會忽略父母的態度，就像人的眼睛會忽略一些沒有色彩的東西。直到換牙為止，孩子是徹頭徹尾的模仿者。

然後，隨著換牙，會發生巨大的變化。過去基於身體而臣服於「宗教基調」（religious mood）不復存在。因此，當完全沒有意識到任何先天宗教態度的孩子，在換牙到青春期會變得有所不同時，我們不該感到驚訝。但是，我剛才所指出的，如今正揭示著：只有在青春期，孩子才會達到理解的智性模式。早些時候，其思考還無法理解智性概念，因為**介於換牙和青春期之間的兒童思維，只能與圖像結合在一起，而圖像會在感官上起作用**。總之，以換牙為結束的第一個生命階段中，環境之中所有活動呈現的圖像，都會在孩子身上起作用。之後，隨著第二套牙齒的發端，孩子開始接受以圖像形式呈現的實際內容。每當我們接近孩子時，我們透過語言帶給孩子的每一件事，都必須注入圖像元素。

換牙至青春期之間，
語言必須保持著圖像的特徵

　　我已經描述了哪些事情會透過靜力和動力的元素帶給孩子。但是，透過語言媒介，孩子觸及了更廣且變化多端的元素。畢竟，語言只是心魂經歷這條長鏈中的一個連結。語言領域中的每

第三講
教育最重要的方法，便是以自身為榜樣

種經驗都具有藝術本質。語言本身是一種藝術元素，我們必須在換牙到青春期之間，在每一件事情上考量這項藝術元素。

請不要透過這些敘述，就想像我是在提倡純粹的審美教育法，或者是我想用各種虛假或美學做作的方法，來替換學習的基本元素──即使這些方法在藝術上看起來是有道理的。絕非如此！我無意取代未受文化影響的普遍元素，並以顯著的波西米亞式態度[25]來面對生活──這在我們目前的文明中是如此的流行（為了我們在場的捷克朋友，我想強調的是，我不會以任何方式將民族或地理特徵與波希米亞人一詞連結在一起。我只以其公認的意義使用這個詞，表示躲避責任之人的樂天態度，他們無視於接受行為規則，並不認真對待生活）。我的目的不是用無視基本規則或是缺乏真誠的態度，來替換掉已經悄悄入侵我們文明中的迂腐態度。

當一個人面對換牙到青春期之間的孩子時，需要某些完全不同的東西。人們必須考慮到，**在這個年齡階段，孩子的思考仍然不合乎邏輯，但是完全有著圖像化特徵**。忠於孩子的天性吧！他們會拒絕邏輯的方式、他們想要活在圖像之中。高度智性的成年人對於7歲、9歲、11歲甚至13歲的兒童來說，幾乎不會留下印

25　編注：波西米亞式態度，代表過著自由漂泊、居無定所、脫離世俗常規的生活。

象。在那個年齡階段,他們對智性的技能漠不關心。另一方面,有著新穎內在的成年人(然而,我們不能缺乏謹慎)、友好而有好脾氣之人,確實會讓孩子留下深刻的印象。聲音溫柔的人,他們的話就像在愛撫孩子,表達認可與讚美,能觸及孩子的心魂。這種個人的影響是最重要的,因為隨著換牙,孩子不再只臣服於周圍的活動。現在,對人們實際上所說出的話、對成年人帶著自然權威所說的話,孩子已經發展出新的開放性的覺醒。這揭示了兒童在換牙到青春期之間,固有且最具特徵的元素。

當然,你不會指望我這個在三十幾年前,寫了《直覺思想:自由的哲學》(*Intuitive Thinking: A Philosophy of Freedom*)這本書的人,會站在這裡為威權主義辯護。儘管如此,考慮到換牙至青春期之間的兒童,權威是絕對必要的,它是兒童心魂生活中的自然法則。**孩子在人生中這個特別的階段,如果沒有學會以臣服的自然意識,仰視養育他們長大與教育他們的成人之權威,就無法長成自由的人。**自由只有透過童年時期自願臣服於權威性才能贏得。

就像在生命中的第一個階段,孩子模仿了周圍所有活動,所以在生命的第二個階段,孩子會遵循口說語言。當然,這必須以一般性的方式理解。極大的靈性物質透過語言流入兒童,而依據他們的天性,語言必須保持著圖像的特徵。透過觀察換牙前的孩

第三講
教育最重要的方法,便是以自身為榜樣

子如何開始學習說話，我們會看到：孩子是如夢似幻的跟隨著將成為往後生活基礎的一切事情，以及在換牙之後，他們會如何清醒。因此，人們就可以獲得一個圖像，也就是：透過我們在他們面前使用語言的方式，孩子在第二個生命階段遇見了什麼。

因此，我們必須特別注意，在此階段，我們如何透過語言這項媒介作用於孩子身上。我們要作用於孩子身上的每一件事，都必須說給他們聽，如果沒有這樣做，他們將無法理解。例如，如果你如實描述一棵植物給一位年幼的孩子，那就像期望眼睛能理解「紅色」這個詞一樣。眼睛只能理解顏色的紅色，而不是單詞。孩子無法理解一棵植物的一般性描述。但是，一旦你告訴孩子植物在說什麼和做什麼，他就能立刻了解。我們必須理解人類本質，並以此對待孩子。往後，當我們討論教學的實務層面時，會聽到更多這樣的內容。在這裡，我更注重呈現基本大綱。

因此，我們看到類似圖像的元素，如何瀰漫以及整合起我們在孩子上遇見的三元活動，也就是走路、說話與思考。同樣的，在孩子周圍發生的活動，一開始是以夢幻般的方式感知與轉化，但奇怪的是，在換牙和青春期的第二階段之間，則會轉化為圖像。可以說，孩子開始夢見周遭的活動，在生命的第一個階段，孩子會認真、直接的跟隨這些外部活動，並且單純的模仿。孩子的想法尚未進入抽象與邏輯概念，他們仍然是圖像的。**在換牙和**

青春期之間，孩子活在語言所帶來的事物中，帶著藝術與圖像元素。因此，唯有沉浸在圖像中的事物才能觸及到孩子。這就是為什麼，這個年齡孩子的記憶力發展會特別的強。

孩子活在圖像元素的連結，
透過圖像記憶才能發揮作用

現在，我不得不再次說一些令學識淵博的心理學家不寒而慄的話，並提出會讓他們雞皮疙瘩的比喻。也就是說，只有隨著換牙，孩子才能接收記憶。使心理學家起雞皮疙瘩的原因很簡單，就是因為他們沒有適當的觀察到這些事物。有人可能會說：「孩子換牙之後出現的記憶，必定早已存在，甚至更強烈，因為孩子先天就有記憶，因此這些事情甚至會記得比往後的事情更牢。」這就跟說狗終究是一匹狼，而且這兩者沒有不同一樣。如果有個人指出，狗經歷了完全不同的生活條件，儘管是狼的後代，但牠不再是狼，那麼回答可能會是：「好吧，狗只是狼的馴化版本，因為被狼咬傷比被狗咬傷還要嚴重。」這種事情有點類似於說：「孩子在換牙之前的記憶比換牙之後更強。」但人必須能觀察到真正的現實。

第三講
教育最重要的方法，便是以自身為榜樣

這種在年幼孩子中的特別記憶是什麼，後來的記憶起源於此嗎？它仍然是一種內在習慣。接受口頭語言時，一種精細的內在習慣就會在孩子之中形成，他們透過模仿吸收一切。**脫離早期階段後，特別是在發展習慣時——這仍然有更多身體本質——當孩子開始換牙，就會形成了一種心魂習慣。這種在心魂領域中形成的習慣，就是所謂的記憶。**一個人必須能區分已經進入心魂生活與身體領域的習慣，就像一個人必須區分狗和狼一樣，否則便無法理解實際發生了什麼事情。

你也可以感受到孩子的心魂一直活在圖像元素之間的連結，以及新出現且被賦予心魂的習慣上，實際上，記憶主要是透過圖像在發揮作用。

關於這些問題，一切都取決於對人類本質的敏銳觀察。這能使人打開眼睛看見換牙期間那鞭辟入裡的轉折點。透過觀察兒童的病理狀況，人們就可以特別清楚的看到這種變化。關注這些事情的人都知道，兒童疾病看起來與成人疾病有很大不同。通常，即使外部症狀與患病兒童相同，成年人的疾病起源卻是不同的，它們可能看起來相似，但不必然會相同。**在兒童之中，疾病的特徵形式都源自於頭部，它們從頭部影響到其餘的有機體，它們是由神經感知系統的過度刺激所引起的。**即使是患有麻疹或猩紅熱的兒童，也是如此。

如果人們可以清楚觀察，就會發現走路、說話與思考，都會發揮個別的影響，這些活動的作用也從頭部往下降。換牙時，頭部是最完美的塑型，且是向內成形的。從此之後，它就能將內部力量傳播到其餘身體部位。這就是為什麼兒童疾病是從頭部向下輻射。由於這些疾病的表現方式，人們會發現它們是對刺激或過度刺激條件的反應——尤其是在神經系統中。只有意識到這一點，人們才能在兒童疾病中找出正確的病理。如果觀察成人，你就會發現疾病主要是從「腹部運動系統」（abdominal-motor system）輻射出去，也就是說，是從人全然相反的兩極（pole）輻射出來。

　　在這些年之間，孩子可能遭受到「神經感知系統」（nerve-sense system）的過度刺激，而在那幾年之後就是性成熟（也就在換牙和青春期之間），即義務教育的那幾年。而在這一切之中，正如我向你描述的那樣，有一種密切的連結活在孩子的心魂生活與圖像領域之間。從外部來看，這表現為「節律系統」（rhythmic system），並且伴隨著交織的呼吸及血液循環。呼吸和血液循環變得向內而和諧的方式、孩子在學校呼吸的方式，以及呼吸逐漸適應血液循環的方式，這一切通常會發生在第9年到第10年之間。從初生一直到9歲，孩子的呼吸一直處於頭腦中，直到越過有機體內部的掙扎，心跳和呼吸之間會建立起一種和諧感。接下來就是血液循環占主導地位的時期，這種普遍性的變化會發生在孩子的

第三講
教育最重要的方法，便是以自身為榜樣

身體與心魂領域中。

　　換牙完畢後，透過孩子運作的所有力量，都在努力朝內在的流動圖像發展，如果帶給孩子的每一件事，都是運用圖像，就能支持這種「形成圖像」的元素。之後，在9歲到10歲之間，某些真正了不起的事會開始發生——孩子會感覺到與音樂元素有更重大的連結。比起之前，現在孩子會更希望被音樂和節奏承托住。我們可能會觀察到，孩子在9歲和10歲時是如何回應音樂的——音樂元素如何以形塑力量的方式活於孩子之中，當然，還有音樂的力量是如何活躍在體內的雕塑中。確實，如果我們注意到「孩子與音樂的密切關係，很容易表現在熱切的舞蹈表演中」，我們一定會認識到孩子掌握音樂的真正能力，是在第9年和第10年之間開始發展。在這個時期，它會變得很明顯。自然的，我們無法將這些事情嚴格分類，如果人們可以完全理解這些概念，就會在9歲之前培養音樂態度，但得用適當的方式進行。人會朝著剛剛所建議的方向發展。否則，如果突然暴露於音樂元素的全部力量中，如果孩子在還沒有適當準備的情況下被音樂經驗所吸引，9至10歲的孩子就會感受到很大的衝擊！

教育最重要的元素，
在於老師與學生的內在連結

　　我們可以從中看到，孩子會以明確的內在需求，對特定外在表現以及現象做出反應，以此發展特定的內在需求。認識這些需求，知識便不會停留在理論層面，而是成為教學本能。人們會開始看到，一個特定過程在此正處於萌芽狀態，而另一個過程則在兒童的內部萌發。觀察兒童會變成本能，而其他方法所導出的理論，只能在外部應用，而且對兒童來說仍舊會是陌生的。不必為了促進親密關係而給孩子糖果，這必須透過適當方法觸及兒童的心魂條件才能實現。但是，**最重要的元素，則是在課堂期間，老師與學生之間的內在連結**。這才是問題的關鍵。

　　還需要說明的是，任何一位老師，只要能看見孩子內心深處溢流而出的那些事物，都會變得愈來愈謙虛，因為他們會意識到，使用淺陋的手段觸及孩子的存在，將會多麼困難。然而，我們將看到，只要適當的進行，就有充分的理由繼續努力，尤其是整個教育主要就是自我教育的問題。我們不應該感到灰心，因為每個發展階段的孩子都會對外部世界（也就是我們這些老師）想要帶給他們的事物，做出特別的反應——即使這可能會以某種內在反抗的形式呈現。自然的，由於該年齡階段，意識還沒有被充分

第三講
教育最重要的方法，便是以自身為榜樣

的喚醒，因此孩子不會意識到任何內在抵抗。按照他們自身的天性，孩子在經歷換牙之後，會要求課程內容的形式和色彩，能滿足從有機體中溢出的東西。關於這個，我稍後會有更多說明。

無意義的文字與數字符號，會在孩子的內在轉為不滿

但是有一件事是孩子們不想要（當然不是在換牙期間），並且會用強烈的內在反抗去拒絕，就是必須在紙上或在黑板上，畫出看起來像這樣子的特殊符號：「A」。我們必須做的，是告訴孩子，當看到特別美妙的事物時，聽起來應該會與自發的從嘴裡發出的聲音「啊！」（Ah!）[26] 但是像字母這樣的符號，與孩子的內在經歷無關。當孩子看到各種顏色的組合時，就會立刻激發出感覺。但是，如果一個人將某種看起來像「FATHER」的字母放在孩子面前，期待它能與孩子所知所愛的「父親」建立連結，那麼孩子的內心感受到的就只有反抗。

26　英文譯注：在德文中，「A」的發音為「Ah」，如同「Father」與「Star」的發音。

我們的書面符號是如何產生的？想想古埃及人的象形文字，仍然保留著與他們意圖要傳達之事物的關聯。古代楔形文字仍然與符號所指的事物有著某些相似之處，儘管這些字更能表達使用它們的古代人之「自然意志」（will-nature），而埃及人的象形文字則表達了更多感覺。這些古老的書寫形式，尤其是在閱讀的時候，會將它們於外部世界含意的相似性，帶入心智之中。但孩子們對黑板上奇怪與華麗的符號會有什麼想法？這些符號和自己的父親有什麼關係？然而，年幼的學生被期望要學習與使用這些顯然是毫無意義的符號。難怪有些事物在孩子之中會轉變成不滿。

　　當孩子失去乳牙時，他們感受到與目前文明階段正流行的寫作與閱讀的連結是最少的，因為它代表風格化與慣例化後的結果。最近才剛進入這世界的孩子，突然被期望要吸收寫作與閱讀經歷了所有變革之後的最終結果。儘管整個時代中，許多文化階段的進步發展還沒有觸及到孩子，但他們突然被期待要能處理那些已經在現代與古埃及之間失去連結的符號。若孩子感覺到不適應，有什麼好奇怪的嗎？

　　另一方面，如果你依照孩子的年齡，以適當的方式將數字世界介紹給他們，你會發現他們可以好好的進入這個新領域。他們也準備好要欣賞簡單的幾何圖形。在第一講中，我已經指出孩子的心魂會如何準備處理模式和形式。現在也可以來介紹數字，隨

第三講
教育最重要的方法，便是以自身為榜樣

著換牙，內部系統也發生硬化。透過這種硬化，力量也釋放出來，外在表現為兒童如何使用數字、繪圖等等。但是從一開始，閱讀和書寫活動對7歲左右的兒童來說，是非常陌生的。請不要對我說的話下結論為：我說，不應該教導孩子讀寫。他們當然必須學習讀寫，畢竟教育年輕人不是為了我們的利益，而是為了生命。關鍵在於，如何在不違反人類天性之下完成？在接下來的幾天中，我們將更深入探討這個問題。但是，一般來說，假如教育工作者了解到，對孩子的心魂來說，很多事情是非常陌生的，以及那些我們從當代生活中提取並用在教學上的事物，只是因為我們認為孩子們有必要知道，便是有益的。

然而，這絕不能導致我們進入另一個極端的錯誤，也就是陷入想要創造出一種審美形式教育，或宣布所有學習都應該是孩子的遊戲。這是最糟糕的口號之一，因為這樣的態度會讓孩子變成只在生活中玩樂的人。唯有對教育一知半解的人，才會允許自己被這句話影響。**關鍵是，不要從遊戲中選擇只是取悅成人的一點點美好，而是連結到「當孩子在遊戲時，實際上發生了什麼事」。**

在這裡，我必須問你一個相關的問題。遊戲對孩子來說只是樂趣，還是一件正經事？對健康的孩子來說，遊戲絕不只是令人愉悅的消遣，而是完全認真的活動。遊戲真切的流淌於孩子的整

個有機組織之中。如果你的教學方式可以捕捉到孩子在遊戲中認真的態度，就普遍意義來說，你不僅僅以有趣的方式來教學，還會培養在遊戲時的認真態度。任何時候，重要的是對生活的精準觀察。因此，如果那些出於好心的人，試圖將自己喜好的思想，引入最需要密切觀察的生命分支（也就是「教育」）之中，那會是相當遺憾的。我們的智性文化，使我們處在大多數成年人都不再能了解童年的情況下，因為兒童的心魂與徹底智性化的成年人是完全不同的。首先，我們必須從「再次找到童年的鑰匙」開始。這意味著必須讓我們沉浸在這樣的知識裡——直到換牙前的第一階段，孩子的整個行為都揭示出身體上所錨定的宗教品質。接著，在換牙到青春期之間，孩子的心魂生活會與所有具有圖像特質的事物相互協調，並且在生命的這段時期，經歷到許多藝術和美學的變化。

童年的第三個階段：
孩子開始成為智性與邏輯思考的人

當孩子到達青春期時，在此之前透過語言運作的星芒體，現在可以自由獨立的運作了。過去，透過語言媒介而起作用的力

第三講
教育最重要的方法，便是以自身為榜樣

量，必須打造孩子身體的內在器官。但在青春期之後，這些力量得以解放（這些力量也在其他許多領域中起作用——在能給予「型」的每一件事上，與形塑及音樂的形式有關），並能用在思考活動上。只有到這個時候，孩子才能成為智性化與邏輯思考的人。

很明顯的，以這種方式透過語言閃爍、流淌和湧現的東西，在其解放之前對身體傳遞了最後一波推撞。來看看這個年齡階段的男孩，並聆聽他的聲音在青春期是如何變化的。這種變化與第7年的換牙同樣具有決定性。當喉部開始用不同的音質說話時，這就是星芒體在物質體上最後的推進力——也就是，力量會透過說話閃爍與作用出來。女性的有機組織也以不同的方式發生了相應的變化，但不是在喉部，而是透過其他器官實現。在經歷了這些變化之後，人類就性成熟了。

現在，年輕人進入了生命的這段時期，此時，過去從神經感知系統中輻射入身體的東西，不再是決定性因素。現在扮演領導角色的是「運動系統」（motor system），也就是與「新陳代謝系統」（metabolic system）密切相關的「意志系統」（will system）。新陳代謝活在身體運動中。成年人的病理學向我們展示出，在後期的年齡階段，疾病是如何主要從新陳代謝系統中輻射出來（甚至連偏頭痛也是一種代謝性疾病）。我們可以看到，成年人的疾病不再像兒童那樣從頭部擴散出去。**疾病在哪裡呈現出來並不重要，重**

要的是要知道它是從哪裡輻射到身體之中。

　　但是，在小學期間（大約為6～14歲），參與最積極的是節律系統。在這段時間裡，每件事都會被節律系統所平衡（一方面活在神經感知系統之中，另一方面則是新陳代謝系統）。平衡的節律系統活動涵蓋了透過我們身體運動的作用，在那裡，燃燒過程持續發生，並且透過新陳代謝來平衡。這種平衡活動也會作用在代謝消化之中──最終進入到血液流動，並且形成循環。這一切都會在具有節奏性質的呼吸過程中融合在一起，以便最後能再次回到神經感知的過程。這是人類本質中的兩個極性，一方面是神經感知系統，另一方面是新陳代謝系統，而介於兩者之間的是節律系統。

　　處理換牙到青春期之間的孩子時，首要考量的是節律系統。在這些年裡，它會充分表現，且在人體系統中是最健康的──必須受到重大的外部干擾才會生病。在這方面，當代的觀察法又再次採用了錯誤的途徑。想想最近的科學測試，透過疲勞係數來研究孩子的疲勞。讓我再重申一次以免誤會，我無意貶低與嘲諷當代的科學研究方法。這些實驗對各種程度的疲勞進行了測量，例如在體育課或算術課時等等。發現這些因素本身並沒有錯，但是這必定不能成為教學的基礎。我們無法根據這些係數來安排課表，因為老師的真實任務是非常不同的。在童年階段，目標應該

第三講
教育最重要的方法，便是以自身為榜樣

是與人類一生中都不會感到疲憊的系統一起工作。唯一容易疲勞的系統是新陳代謝系統。這個系統確實會疲勞，而且會將疲勞傳遞給其他系統。但是我問你，節律系統會不會疲倦呢？不，它絕不能疲倦，因為在我們的一生之中，假如心臟沒有不知疲倦的跳動，遭受到疲勞；假如呼吸沒有連續，變得筋疲力盡，那我們根本無法活著。節律系統是不會疲倦的。

　　如果透過某種活動讓學生太過疲倦，這就顯示出，在考量7歲到14歲之間這個年齡階段時，我們對於節律系統的呼籲還不夠強大。這個位於中間的系統又是完全活在圖像領域中，也是它（圖像）的一種外在表達。如果你無法富有想像力的介紹算術課或書寫課，就會使學生感到疲倦。但是，如果能出自於內在的新鮮感，而且能喚起片刻的注意力，你就可以召喚孩子之中的圖像力量，你就不會使他們疲倦。但是，如果他們又開始意興闌珊，那他們疲勞的根源會是在運動系統之中。例如，孩子坐的椅子可能太硬而產生壓迫，又或者可能是因為筆不合手。沒有必要透過教學心理學，來計算出孩子在沒有過度壓力的情況下可以算多久算術。重要的是，**老師要知道如何和諧的運用學生的節律系統來教導每一種學科，也要知道如何透過對人的了解，而採用適當的形式呈現課程內容。**

　　而這樣的方法，只有我們意識到「唯有在性成熟來臨時，才

能喚醒生命中的智性面向」才有可能達成。在換牙和青春期之間，只有透過自身榜樣為引導，老師才能將期望學生能呈現的內涵帶給他們。因此，源自於人類真實知識的教學法（教育學），主要取決於教師自身的內在態度——注定在教師自身道德態度上運作的教學法。用更激烈的方式來說，就會是：「孩子們本身都是對的，但大人卻不是！」最重要的已經在第一講結尾說過了。我們應該努力了解的是：**作為老師和教育工作者的我們該如何呈現自己，而不是去談論我們應該如何對待孩子。**在我們的工作中，需要「心的力量」。然而，僅僅發出聲明是不夠的，我們不該處理學生的智性，如今，我們必須做的是，在原則與方法上，去吸引學生的心。我要再次強調，我們真正需要的，是「用心去教學」。

第三講
教育最重要的方法，便是以自身為榜樣

第四講

教學方法，
必須是符合現實且是整體的

（1923年4月18日）

前幾天的講座中，我試著引領你了解我們所知的人類知識。在這次講座期間，必定能找出那些尚未提及的人類知識，且在往後需要進一步研討的面向。我也說過，**這樣的人類知識並不是為了導出理論，而是要成為人類本能，是具有心魂與靈性的本能，能在轉化為行動時，導引出活生生的教育原則與實踐方法。**

當然，你必須意識到，在這樣的講座中，只能用指點的方式來點出方向，說明人類知識可以為實務教學帶來什麼。但是，我們主要的目標是實務應用，所以我只能提供廣泛的大綱，而其中有些內容在當代非常不受歡迎。很少人能充分意識到，任何能用文字表達的事情，充其量也只能是「提示」，是更複雜且五花八

門的實際生活的些微指示。

教師的任務，是感知到孩子的「內在推動力」

如果還記得，幼兒本質上是被賦予心魂的感覺器官，完全是以身體宗教的方式，接受來自周圍世界且朝向他而來的事物。這時我們會看到，直到換牙之前，孩子都可以透過感官接收附近的一切事物，並且之後會在其內部運作。最重要的是，我們必須覺察到，當孩子在使用感官感知的時候，同時也會吸收那些透過心魂和靈性所感知到的東西，以及其背後的內在道德元素。這意味著在換牙的時候，我們就已經為往後生活中最重要的「推動力」（impulses）設定好場景，而當孩子進入學校時，我們所面對的不再是一張白紙，而是充滿內容的紙。

如今，我們正在發展教育的實務面向，我們必須考慮的是，在換牙到青春期之間，孩子還沒有辦法發起任何全然原創的東西。而老師的任務，就是要能辨識出在前7年中，就已經植入孩子內在的推動力。他們必須將這些推動力，導向學生往後可能會被要求的事情。這就是為什麼，最重要的是「老師能感知到學生的內在是什麼在攪動著」，因為當孩子進入學校的時候，這些生

第四講
教學方法，必須是符合現實且是整體的

命的「萌動」（life-stirrings）比眼睛所能看見的還要複雜。老師不能簡單判定他們該做什麼，或者哪一種方法是對還是錯。**對老師而言，更重要的是認識「有什麼在孩子的內心攪動與活動」——以便能更進一步引導與發展。**

　　這樣必定會很自然的浮現一個問題，而到目前為止，我們還無法在華德福學校中回應，因為我們尚未開設幼兒園。[27] 出生到換牙期間的兒童養育與教育工作必定是最重要的，但是在華德福學校，我們在面對法定學齡兒童的教育需求時，就已經面臨巨大的困難，不可能考慮開設幼兒園，因為再接下來的每一年裡，我們還必須為年紀最大的學生開設新的年級。到目前為止，我們在華德福學校已經有橫跨八個年級的課程。目前，我們正在預備新的年級，不可能心懷要開設幼兒園或類似機構的想法。對這些事情抱持輕鬆看法的人可能會認為，唯一要做的就是開設托兒所或幼兒園，剩餘的事情就能順利發展。但事情並沒有那麼簡單，需要全面而詳細的計畫，才能掌控幼兒園的教育學與教學實務層面。只要接下來每一年，都必須新增一個班級，便不可能進行奉獻給幼兒園的任務。

27　第一所華德福幼兒園在史代納博士這場講座後不久創立。

許多「學校改革運動」蘊含著理想，卻脫離了現實

　　太少人認知到，我們口中的「學校改革運動」，是多麼嚴肅且需要責任感的事情。對不專業的人來說（儘管是善意的），似乎只要簡單的動動嘴巴就夠了。在我們這個時代，當每個人都是如此聰明的時候——我不是在諷刺，我是很認真的——沒有什麼比提出要求更容易了。在我們這個充滿才智的社會中，只需要11或12個人，甚至3、4個聰明人就夠了——聚在一起就能制定出一份完美的學校改革計畫，並能按優先順序列出他們的要求。我一點也不懷疑，這樣的理論會讓人留下深刻的印象。然而，今日這些有著巧妙構思的計畫，彙編時有許多地方是抽象的。人們已經變得如此智性，所以在外部與抽象方面的成就會有很出色的表現。

　　但是，若沒有運用智慧，並用脫離現實生活的經驗，來判斷這些事，這種情況就像一群人聚在一起，討論並決定高效壁爐應該要有什麼效能一樣。顯然，他們將會提出滿滿的「必要條件」清單，例如壁爐必須能充分溫暖房間、不得冒煙等等。但是，儘管他們提出的各種觀點可能有說服力，但只有知識的話，在如何點燃、持續運作以及控制熱度上，幾乎不可能成功。要做到這一

第四講
教學方法，必須是符合現實且是整體的

點，人們還必須學習其他事物。而且，根據房間位置、煙囪的條件以及其他可能因素，無論何種狀況，都不可能滿足這麼高的條件。

而在今日，大多數學校的改革計畫就是這樣來的——如同對假設的壁爐提出要求，這些計畫或多或少也使用了同樣的抽象方式。而這就是為什麼沒有人能反對，因為**這些計畫確實包含了許多正確的東西。在理想的情況下，這是有道理的，但要用這些計畫所提出的要求去應付學校的實際需求，則會有很大的不同。**在這裡，人要處理的不是事情應該要如何作用，而是要實際的處理許多學生。在這裡，人也必須處理有著一定數量且各有天賦與能力的教師——請容許我提出，因為這是學校生活的一部分。這些事都必須加以考量。抽象的規畫學校改革計畫，是不會有問題的。但是現實是，可以雇用的天才教師數量有限，他們甚至無法滿足理論要求。

現代的社會已經無法理解，「生活本身」與「用智性途徑看待生活」之間，有什麼樣的根本差異？因為我們已經習慣用智性來解釋生活，不再能夠感知到這種能力，甚至是差異最明顯之處。任何意識到理論與實踐之間存著很大差異的人，都會檢測我們當前商業生活中，那些最糟糕且不切實際的理論。實際上，當今商業生活的結構已經變得非常理論化了。那些控制者用強大的

手來掌握權力。他們經常使用手肘，並且粗暴的推行他們的理論政策，直到商業被毀壞。在經濟領域上，有可能智性的進行。但是，在人是直接迎向生活的情況下，例如在學校中（這不僅僅是幫助自己的情況，也必須運作在現有的推動力上），**除非能夠提供可能實行的務實工作，以及真實且出於人類本質的個別知識，否則再美麗的理論，都是沒有用的。**這就是為什麼在實際課堂上，頭腦裡面充滿著教學理論的老師，通常是最不合適的人。到目前為止，那些仍然是出於某種本能而教書的人、那些對孩子自然散發愛的教師，才更有能力，也因此能認識並遇見孩子。但是在今日，除非能擁有靈性知識的支持，否則不可能依靠本能了。對這種生活方式來說，現代的生活已經變得太複雜了，然而這種方式只適用於更原始的條件，要在幾乎與動物生活水準接壤的條件下，才有可能發生。

　　如果人們希望看到在這裡所呈現的內容，以正確的方式作為教育學的真正實務形式，就必須將這一切納入考量。一般而言，教育遵循著我們現代文明的腳步，而這個文明逐漸變得愈來愈唯物主義。這其中的症狀就是，經常會優先選擇使用機械方法而不是有機方法，且剛好就是用在兒童早期一直到換牙齒的這段期間裡——這是生命中最容易受影響且最重要的時刻。我們必定不能忽視的事實是，在換牙之前，孩子是活在模仿之中。正如我昨天

第四講
教學方法，必須是符合現實且是整體的

所提到的那樣，生活嚴肅的一面，就是要在日常工作中滿足所有需求，而兒童都能在遊戲中認真的重新演繹出來。孩子的遊戲與成年人的工作，兩者之間的主要區別就在於，成年人對於社會的貢獻，受到目的感的支配，得要符合外部需求；而孩子所想望的活動，僅是出自於天生與自然推動力（natural impulse）。遊戲活動是從內部向外流動；而成人的工作則走相反的方向，也就是從周圍向內部流動。**小學最重大且最重要的任務就是，從遊戲到工作的逐漸發展過程。**如果人們已經能夠用實務的方式回答出「孩子的遊戲如何逐漸轉化為工作」，就已經解決7歲到14歲這個中間階段的基本問題。

幼兒園，必須讓孩子有機會健康的模仿生活

孩子的遊戲會鏡射周圍所發生的事情──他們想要模仿。但是因為人們的人類知識不足，所以遺失了進入童年之門的鑰匙，各種要給予幼兒園年齡層孩子的人為遊戲活動，都是來自於成人太過智性的發明。因為孩子想模仿大人的工作，就以他們的利益為考量而發明了特別的遊戲，例如：「排火柴棒」或其他遊戲。當孩子渴望模仿那些年紀大的人時，就會有一股活生生的流，從

他的有機組織之中流出，而實際上，人為活動卻會讓這股孩子的內在力量發生偏移。兒童被鼓勵去做那些不適合他們年紀的各種機械化操作。特別是在19世紀時，學齡前的教育計畫被確立下來，裡面的活動卻都是孩子不該做的；因此幼兒班級上的整體生活，都會圍繞於要孩子去適應那些少數的負責人，然而這些大人，應該要呈現出自然的樣子，好讓孩子可以感受到刺激、會想要模仿老師所做的任何事情。

幼兒園的老師不必個別的，向每一位幼兒展示要做什麼。孩子還不想遵循被給定的指示，他們所想要的，就只是複製成年人的工作。因此，**幼兒園老師的任務就是調整日常生活中的工作，讓其能適合幼兒的遊戲活動**。沒有必要設計出像成年人在生活中會接觸到的職業——除非在特殊情況下——這樣的工作需要專門的技能。例如，幼兒園的幼兒被告知要平行切割出紙條，然後將多種顏色的紙條推穿插入縫隙中，這最後就會浮現出編織的彩色圖案。在幼兒園中進行這種機械化活動的過程，實際上是在阻止兒童從事正常或對他們友善的活動。最好讓他們做一些非常簡單的縫紉或刺繡。無論孩子被告知要做什麼，都不應該是我們這些在智性文化中感到舒適的成年人，所人為設計出的活動，而應該是源自於日常生活的任務。幼兒園的重點是要讓幼兒有機會以簡單而健康的方式，去模仿生活。

第四講
教學方法，必須是符合現實且是整體的

在幼兒園的年齡中，這種對成人生活的適應就是非常重要的教學任務，而且要能帶著強大的目的性，因此在那裡所做的事情，要能夠滿足孩子對於活動的自然且天生的需求。執行火柴棒遊戲或設計出紙條編織卡片是很簡單的。但是減低我們複雜的生活形式，是非常重要且必要的任務，就像孩子所做的那樣。例如，當小男孩在玩鏟子或其他工具的時候，或者是當女孩在玩娃娃的時候，在這樣的方式下，兒童將成人的職業轉變為兒童的遊戲，還包括成人世界更複雜的活動。這是一種歷久彌新的工作，過去的「鏟子工作」到現在依然在執行。人們需要認識到，在兒童的模仿中，在所有由感覺所引導（sense-directed）的活動中，道德和靈性力量都在其中起作用，藝術的推動力將可以容許孩子以完全個性化的方式去做出回應。

給孩子一條手帕或一塊布，打個結，就會出現上方為頭部，下面有兩條腿的樣子，接著你就能做出娃娃或小丑。一點點墨水就可以賦予它眼睛、鼻子和嘴巴，或者更好的是讓孩子自己來執行。使用這樣的娃娃時，你將會看到健康的孩子會相當歡樂。現在，孩子可以透過內在心魂的想像與模仿，為娃娃添上許多其他特徵。如果用亞麻布來製作娃娃，會比給孩子完美的娃娃還要好得多，完美的娃娃可能有上色的臉頰與巧妙的衣服，而這樣的娃娃在平放下時，甚至可以閉上眼睛等等。如果給孩子這樣的娃

娃，你是在做什麼呢？你正在阻止孩子自身心魂活動的開展。**每當一個完成的物體吸引孩子的目光時，孩子都必須壓抑心魂活動中的天性渴望，也就是壓制了奇妙細緻、正在覺醒的幻想。**你會因此讓孩子與生活分離，因為你讓他們從自己的內在活動中退縮回去。在換牙前，這對孩子來說太多了。

讓內在的形塑力量，參與字母的學習過程

當孩子進入學校時，我們很可能會遇到某種內在反抗，主要是在閱讀與寫作上，就如上一講所提到的。現在，試著透過孩子的視角來看這樣的情況。那裡有一個男人。他有著黑色或金色的頭髮。他有額頭、鼻子、眼睛。他有腿、他走路，而且他的手上握著一些東西。他說了些什麼。他有自己的思想生活。這是父親。現在孩子應該要接受這個符號，「FATHER」（父親）代表一位實際的父親。但沒有任何理由，孩子就是該這樣子接受它。

孩子身上帶著形塑的力量，這些力量渴望從有機組織之中流淌而出。在過去，這些力量有助於神奇的形成大腦與其神經系統，它們完成了奇妙的恆齒形塑。人類應該要謙虛的探問，這是如何創造出來的，如何在一個人所擁有的資源下，自乳牙的基礎

第四講
教學方法，必須是符合現實且是整體的

上而長出恆齒；我們完全沒有意識到，崇高的智慧力量在這些力量中起了作用！孩子完全臣服在這種無意識的、智慧交織的成形力量中。孩子生活在時間與空間之中，而現在，突然之間，他們就被要求要透過學習閱讀與書寫來理解施加在他們身上的一切。

直接將兒童領進我們先進文化中的最後階段，是不合適的。我們必須帶領他們，與那些想要從他們自身存在之中流動而出的東西和諧相處。向孩子介紹閱讀和寫作的正確方法，是要允許形塑力量能積極參與——這些力量在7歲前都會致力在生理組織的運作上，而現在則為了外在心魂活動而被釋放。例如，你要畫出看起來像是這樣的東西（如下圖），而不要直接向孩子介紹字母甚至是完整的單詞：

用這樣的方式，透過訴諸於心魂中的形塑力量，你就會發現，孩子開始可以記住具有實際意義的東西，孩子的形塑力量已經掌握了某些東西。如此一來，孩子就會告訴你：「That is a mouth。」而現在你可以要求孩子說：「Mmmouth。」然後，你要求（孩子）省略單詞的結尾部分，並且逐漸讓孩子發音：「Mmm。」接下來，你就可以說：「讓我們把剛才所說的字畫

出來。」我們省略掉其中一些部分，所以這就是我們畫的東西：

接著，讓我們把它變得更簡單：

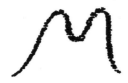

它就變成了字母「M」。

或者，我們可能會畫出一些看起來像這樣的東西：

孩子會說：「Fish。」老師回答：「讓這條魚變得更簡單吧。」又一次，我們要求孩子只發出第一個字母的聲音，用這種

第四講
教學方法，必須是符合現實且是整體的

方式得到字母「F」。因此，我們就從這些圖片中引導出抽象的字母。

沒有必要透過考古的方式，來展現當代書寫是如何從古代的象形文字演變而成。從教育學的目的來說，真的沒有必要去鑽研文明的歷史。我們所要做的就只是找出屬於自己的方法（在幻想之翼的協助下），進入這種方式，**無論我們說的是哪一種語言，就選出一些具有特點的單字，將其轉化為圖像，最後從圖像中導引出實際的字母**。運用這種教學方式，我們就能與介於換牙到換牙完成之間的兒童內在想望一起工作。由此你就能了解，在透過繪圖和繪畫來介紹書寫之後（與孩子打過交道的人都知道，因為孩子活在顏色中，所以能夠讓孩子立刻使用顏色是很好的），接著可以進行閱讀。書寫是一項必須整個人參與的活動。書寫必須要用到手，而且整個身體都要能自我適應——即使適應的程度輕微，但整個人都得參與到其中。當寫作是透過繪圖與繪畫進化時，將會比閱讀更具體。在閱讀時，好吧，人就只是坐著，變得像一隻膽小的老鼠，因為只剩下頭必須進入工作。閱讀已經變得抽象，它應該要在整體過程中逐步發展出來。

但是，如果人們採用這樣的方法，期望能與人性和諧工作，在承受現代偏見上就會有極度的困難。很自然的，這樣的方法下，學生學會閱讀的時間點將會比今日預期的時間還晚一些；假

如他們必須轉學，他們的能力比起新班級中的其他學生，似乎比較差。但是，迎合物質文化（materialistic culture）的觀點，去要求8歲孩子必須知道什麼，這樣真的合理嗎？真實的關鍵點是，對孩子來說，過早學習閱讀，可能根本沒有任何好處。當這樣做的時候，某些東西就會被終身封鎖。**如果孩子太早學會了閱讀，就會被過早引入抽象之中。如果晚一點才學習閱讀，無數的硬化症（sclerotic）潛在患者就能有更幸福的生活。**這種整體人類有機體的硬化問題，會導致生命後期表現出最多樣的硬化症，且可以追溯到向孩子介紹閱讀時使用了錯誤的方式。當然，這些症狀也可能是由其他因素所引起的，但關鍵在於，如果學校的教學能理解人的天性，也就是心魂與靈性對人類身體構造的影響，就能增強衛生。如果你知道該如何適當的規畫課程，就能為學生的健康提供最佳的基礎。而可以肯定的是，如果現代教育系統的方法更健康，那麼頂著禿頭走來走去的人就會變少一些！

身為教師，最重要的是看到人類存在的整體性

具有唯物主義觀點的人，很少會關注自然的「心魂－靈性」與物質體之間的交互作用。我再三的指出，目前唯物主義態度的

第四講
教學方法，必須是符合現實且是整體的

悲劇，就是不再了解物質的過程——僅僅觀察外部——也不再認識道德元素如何進入身體。我們的自然科學以這種方式對待人（幾乎可以說是虐待），對人類存在可能會導致誤解。你只需要想想看當代有關於生理或解剖學的教科書中，可以找到的那些插圖，你會看到骨骼的圖片、神經系統和血液循環。這些繪畫方式非常具有暗示性，意味著它們真實的呈現出事實。但是，它們根本無法傳達實際的事實——或者充其量，也只能傳達其中的百分之十，因為人之中有百分之九十是由不斷流動的液體物質所組成，所以無法以固定的輪廓繪製。現在你可能會說：「生理學家知道！」沒錯，但這知識只保留在生理學家的圈子內。它沒有進到整個社會之中，主要就是受了這些插圖的強烈暗示所影響。

人們對於其他事情的覺察就更少了。固體物質所構成的，只是我們身體之中最小的一部分，占最大部分的是液體，而在我們分分秒秒的生命之中，我們也都是空氣的創造物。前一秒，周圍的空氣進入我們的內部；接下來，我們身體內部的空氣又再次出現在外面。我們是周圍空氣的一部分，空氣在我們之中不斷波動。那麼什麼是溫暖的條件呢？實際上，我們必須區分出介於我們固體、液體、氣體和溫暖組織之間的，是什麼東西。而這些區分可以進一步擴展出去，但是現在我們先討論到這裡。

當我們考慮以下情況時，其中毫無意義與錯誤的想法，就會

更明顯：如果這些骨骼、神經系統的插圖等等，確實代表了真實情況——總是暗示著人是一種堅實的有機體——如果這確實是完整的事實，那麼道德元素、心魂生命，會無法穿透堅硬的骨骼或明顯僵硬的血液循環，也就不足為奇了。身體與道德生活都需要單獨存在。但是，如果你在人體圖畫中包括了液體、氣體和溫暖組織，那麼你就會有一個很好、很精緻的實體——例如不同的溫暖狀態——允許現有的道德構成，也能擴展進入溫暖的身體過程之中。如果你的圖像是植基於現實，你將能在什麼是身體本質與什麼是道德本質之間找到統整。這是你與正在成長之人一起工作時必須記住的，且具有這種意識至關重要。

因此，對我們來說，**看到人類存在的整體性並找出我們自己的教學方式，是非常重要的，而不會受普遍被接受的生理－心理態度影響**。它將使我們知道要如何對待孩子，否則孩子就會對必須學習的東西產生內在反抗。我們的目標是允許年幼學生逐漸成長，並自然的進入他們的學科，因為這樣他們也會愛上必須學習的東西。而這只有當他們的內在力量完全參與了這些新的活動時，才會發生。

第四講
教學方法，必須是符合現實且是整體的

現實生活中的教學法，
必須以最多元的角度來考量

　　最具破壞性影響的時期，就是7歲到9歲的時候，會被單方面的幻想（也就是某些事物應該如何教的僵化想法）破壞。例如，在19世紀時（但這在18世紀時就已經準備好了），非常自豪於新式閱讀教育的自然發音法（phonetic method），這取代了添加單一字母的舊方法（而這個新方法，又被全詞教學法〔whole-word method〕取代）。而因為今日人們對於要公開尊重舊方法會感到困窘，因此幾乎找不到準備要捍衛舊的拼寫方法之人。而根據目前的觀點，這樣的人將會被視為老頑固，因為對老式拼寫方法的熱情已經不合時宜。自然發音法和全詞教學法占了上風。人對自然發音法感到非常自豪，因為這教會孩子對音質發展出感覺。小學生不再學習識別單獨的字母，例如P、N或R，而是被教導按照單詞發音的方式發音。

　　這並沒有什麼不妥。全詞教學法也很好，有時候甚至是從分析一個完整的句子開始，老師從中進展到獨立的單詞，然後進入單一的發音。但是，當這些事情變成時尚時就很糟糕。這三種方法的基礎概念都很好——不可否認的是，每個方法都有其優點。但是，究竟是什麼原因造就了這些教學法？想像一下，你只從顯

示出正面視角的照片來認識一個人。圖片將在你的內在中創造出人的某種圖像。現在想像一下，你拿到另一張照片，而有人告訴你這是同一個人。第二張相片顯示了側面的視角，並創造出不同的印象，你可能會認為這不可能是同一個人。然而，實際上，兩張照片都是同一個人，但卻來自不同的角度。生活中總是如此，必須從不同角度來考慮所有事情。我們很容易就會愛上自己的特殊觀點，因為它看起來很有說服力。所以一個人可能會有良好的理由來捍衛拼寫法（spelling method）、自然發音法或全詞教學法，以至於任何持相反意見的人都無法反駁他們的論點。然而，**即使是最好的理由，也可能被證明這僅只是單一面向。在現實生活中，一切都必須以最多元的角度來考慮。**

假如字母的外型是透過繪畫和繪圖而獲得，假如人們已經進入了自然發音法或全詞教學法（因為它能引導孩子欣賞整體，並避免在細節上變得太過固定，那就會是合適的），如果這些都有做到，那在我們的物質主義氛圍中，還是有一些東西被忽視了，那就是：單一聲音的本身，單獨的「M」或「P」，這也代表了一種現實。重要的是要能看到，聲音是單字的一部分，它進入了外部世界，進入了物質與物理的世界。我們在靈魂中擁有的就是這樣的聲音，這些聲音主要取決於我們的心魂本質。當我們發字母的音時，例如字母「M」，我們實際上會發出「em」的音。但是古希

第四講
教學方法，必須是符合現實且是整體的

臘人並非如此，他們將它發「mu」。換句話說，他們在子音之後才發出輔助的母音，而我們將母音放在子音面前。在今天的中歐，我們透過從母音到子音來發出一個字的聲音，但是在古希臘，採取的是相反的過程[28]。這表示了人們關心的，是潛在的心魂狀況。

在此，我們來看一個顯著且重要的現象。如果你不只是從外在或功利主義的角度來看待語言（因為今日的語言，已經成為傳遞思想或信息的一種主要方式，而單詞只不過是外在事物的符號），如果你回到活在單字含有的心魂元素中──活在整體語言之中──你就會找到能回到所謂「聲音之真實本質」的道路；每一個具有子音特質的聲音，都有著與母音聲音完全不同的特徵。

如你所知，有各種解釋語言起源的理論（類似於從不同角度拍攝照片的情況）。其中，有一種叫做「自然模仿說」（bow-wow theory），它代表的觀點是──字模仿了來自不同生物或物體的聲音。根據這個理論，當人第一次說話時，他們模仿了特定的外部聲音。例如，他們聽到「狗吠叫」（bow-wow）。如果想表達類似

---

28 英文譯注：部分歐洲語言，母音加上子音的發音，可能會在字音前或後（例如：「em」，以及「dee」）。可以想像速記員在此可能漏掉了「經常」這個字，因此這段應該為：「在今天的中歐，我們經常透過從母音到子音來發出一個字的聲音……」

THE CHILD'S CHANGING
CONSCIOUSNESS

的心魂情緒，就會發出相似的聲音。沒有人可以反駁這樣的想法。相反的，有許多有效的理由支持自然模仿說，只要從這個特定的前提開始論證，它便沒有爭議。但是生活不是由證據和反駁而組成的；生活充滿了活生生的運動、轉化、活生生的形變。在一種特定情況下是正確的，而在另一種情況下可能會是錯誤的；反之亦然。理解生活，必須從當中的所有流動性來理解。

　　你可能還知道有另一個理論，稱為「叮咚理論」（ding-dong theory），其追隨者強烈反對自然模仿說。根據這個理論，語言的起源可以透過以下方式來解釋：當鈴聲響時，隨之而來的聲音是由有特定結構的金屬而引起。在物件和聲音之間類似的相互關係，也被歸屬於人類的語言。叮咚理論代表著更進入事物實質性的感覺，而勝過於對外部聲音的模仿。

　　同樣的，這個理論在某些面向上確實是正確的，而這兩種理論都還有很多可以談論的內容。然而，實際上，語言不會是僅根據叮咚理論或自然模仿說就產生——儘管這兩種理論都有其真實的成分——也必須考慮到其他的相關因素，但是每個單獨的理論都只能給出單一面向的觀點。在我們的語言中，有許多實例可以證明叮咚理論，還有許多其他實例，呈現出對聲音的模仿，例如「汪汪」，或牛叫聲的「哞」。事實是，這兩種理論都是正確的，而還有許多其他理論也是正確的。重要的是，要掌握生活的

第四講
教學方法，必須是符合現實且是整體的

實際情況，如果能這樣做，人們就會發現自然模仿說與母音有更多關聯，而叮咚理論則與子音更相關。再一次，事實並非完全如此，因為這樣的陳述也是單一面向的，最終人們會看到子音的成形是我們對環境中的事件或形狀的反應，正如我在《個體與人性的靈性指引》（ *The Spiritual Guidance of the Individual and Humanity* ）這本小書中所指出的那樣。因此，字母「F」被形塑得像魚，「M」像嘴巴，或「L」像是在跳躍等等。

某種程度上，子音的起源可以用叮咚理論解釋，只不過還必須發展出更細緻的內容。另一方面來說，母音表達與揭露了一個人內在本質的方式。母音的字母，完全不是在模仿外在事物，而是表達著人的同感與反感。表達出喜悅或好奇的感受，會透過聲音「EE」，表示讚嘆或驚奇（amazement or wonder）；「我很驚訝！」（I am astonished!）則是由「AH」來表示；「A」（如同path）表示「我想擺脫激怒我的東西」；「U」（如同you）表達「我很害怕」；「I」（如同kind）傳達著「我喜歡你」。

母音直接揭露了同感與反感的感受。它們根本不是模仿的結果，而是使人能夠傳遞喜歡和不喜歡。當聽到狗的威脅性吠叫聲時，人（如果他們的感覺就像這些狗）**將自己的經驗適應到狗的「汪汪聲」中，以此類推。發聲從內向外引導出去，而子音的形成則代表了從外部到內部的運動——子音仿造了外部的事物。只要發**

出這些聲音，人就可以仿造外在本質。只要進一步了解細節，你就能自己確認。

以上這些，都僅適用於聲音而不是單詞，然而你可以意識到，當使用分析方法時，人們實際上是從整個字進入到原始的心魂條件中。一般來說，我們必須經常嘗試去認識孩子在每個階段的內在要求是什麼，然後我們就可以自由的繼續進行──就像好的攝影師，當他要求客戶朝不同方向看時，為的就是透過在照相時抓出他們的個性（不過這會使這些講座變得無趣）。同樣的，如果一個人想深入理解人類，完整的觀點是必不可少的。

使用全詞教學法，人們只能得到身體面向。使用自然發音法，人們會逼近到心魂領域。而且──無論這聽起來有多荒誕──使用拼寫法，能讓人們實際進入心魂領域。當然，最後一種方法在今日被視為愚蠢的形式。然而毫無疑問，它與心魂的關係比其他方法還緊密。它不能直接應用，而是需要透過某種教學技巧與藝術性引入，以免在傳統字母發音中進行過度單一面向的練習。取而代之的是，孩子將能獲得一些字母是如何產生的經驗，這是某些可以活在形塑力量中的東西，某些對孩子來說是真實的東西。這是問題的核心。而且，如果用這種方式教年幼的學生，他們將能夠在適當的時期閱讀──也許是在9歲後幾個月。如果他們無法更早閱讀，也沒什麼關係，因為他們會用健康的方

第四講
教學方法，必須是符合現實且是整體的

法自然而然學會閱讀。而根據不同兒童的反應，這個階段有可能
會有一點提早或是到更晚才出現。

9歲之後，
孩子開始認識到自己與周遭是分離的

　　9歲，代表較小的生命週期起點——較大的生命週期已經說
過很多次了。這些生命週期是：從出生到換牙、從換牙到青春
期，以及從換牙之後到二十多歲。然而，如今當年輕人到二十多
歲時，人們不敢與他們談論還有另一個發展階段將會在21歲之
後達到頂峰。這是純粹的侮辱！在那個年齡，他們會感到完全成
熟——年輕人已經開始在報紙與雜誌上發表文章。因此，在談論
人生後期的發展階段時，必須謹慎行事。但對於教育工作者來
說，了解較大的生命階段，以及涵蓋於其中的較小生命階段，是
相當重要的。在9歲到10歲之間（但更接近9歲），一個較小的生
命階段開始了，孩子會逐漸開始覺醒，認知到自己與周遭世界的
不同。只有在此時，孩子才會覺知到自己是分離出來的「自我」
（1）。因此，**在此階段之前的所有教學，都應該讓孩子感覺到他
與周圍環境是一體的。**

人們提出了最奇特的想法，來解釋這個現象。例如，你可能聽說過人們說：「當小孩因為奔跑撞到牆角而受傷時，他會去打牆角。」對於這個現象的智性解釋是：只有當人意識到自己受傷，或對受傷有所意識時，才會反擊。這就是在解釋孩子擊打桌子或其他物體的反應。這種定義總是誘使人們引用希臘人對於人類定義的例子，也就是說：人是活的生物，有兩條腿但沒有羽毛。就定義而言，這是正確的，但這使我們回到了古希臘時代。我不再詳細呈現目前在物理學上的定義，且它往往好不了多少，因為孩子經常被教導，人是用兩條腿行走且沒有羽毛的生物。在思考這個定義上，有個比其他人更聰明的男孩。他抓了公雞、拔下羽毛，然後帶這隻雞去上學。他拿出被拔了羽毛的雞說：「這是一個人！這是用兩條腿走路且沒有羽毛的生物。」好吧，定義可能有其用途，但總是呈現單一面向。

重要的是，要找到自己真正進入生活的方式——有些事我必須再三重複。關鍵在於，9歲以前，孩子還沒有將自己從周圍環境中區分出來。因此，人們不能說小孩在撞到桌子而引發疼痛時，就會想像桌子是「活著的」。孩子永遠不會有這樣的想法。這種所謂的萬物有靈論、將心魂賦予在無生命對象上的想法，已經滲入了我們的文明歷史中——但根本是子虛烏有的。一些博學學者的奇妙理論相信，他們發現了「是人類賦予了無生命物體靈

第四講
教學方法，必須是符合現實且是整體的

魂」，這真是令人驚訝。在這種理論的啟發下，整個神話都獲得了解釋。令人吃驚的是，傳播此類想法的人從未遇過原始人。例如，普通的農民從來不會有這樣的想法，他沒有受到我們複雜的生活方式影響，不會想到要在自然現象上賦予心魂特質。對孩子來說，像這種將無生命物品賦予靈魂化或動畫（animation）的概念，根本不存在。孩子的感覺是活生生的，而孩子周圍的一切都必須是活著的。但是，即使是這樣的原始想法，也不會進入兒童朦朧而夢幻的意識中。這就是為什麼在教9歲以下的學生時，你絕不能讓孩子的環境及其中的所有內容，顯現為是分離的東西。**你必須允許植物活起來——實際上，一切都必須是活的，並且能對孩子說話，因為孩子尚未將自己與整個世界分離。**

　　這之中很明顯的地方在於，9歲之前，你無法用任何形式的智性描述觸及到兒童。每件事都必須轉變為圖像，且是鮮活又生動的圖像。一旦你繼續進行更直白的描述，那你在第8年至第9年之間，將無法有任何收穫，這樣的方法只有在往後才有可能進行。人們必須找到進入每個特定生命時期的方法。孩子在直到9歲之前只了解圖像，其他東西都會被他們忽略，就像眼睛忽略聲音。但是在9歲和10歲之間，當孩子逐漸變得愈來愈意識到自己的身分時，你可以開始提出更多有關植物的事實性描述。然而，還不能描述屬於礦物界的事物，因為孩子發展出區分自我與世界

的新能力，還不夠強大到可以區分什麼在本質上是活的，以及什麼屬於死去的礦物界。在這個階段，孩子只能了解自己與植物之間的差異。之後，你可以逐漸進展到描述動物，但是同樣要這樣做，才能在介紹動物界時，讓孩子依舊感到是真實的。

給孩子的植物學，必須與大地連結

今日有一類公認的植物學形式，而隨著這個趨勢，會傾向於要在較低的年級時引入這個主題。這樣的做法是出自於懶惰，在年幼的課程中介紹成年人的植物學，也確實是一件嚇人的事情。我們現在的植物學實際上是什麼內容呢？它乃是根據某些公認的原則來安排、是由植物的系統分類而形成。首先是真菌，然後是藻類、毛茛科等等——單一分科整齊的排列在另一個分科旁邊。但如果科學分支是這樣（本身可能是可以接受的），幾乎就像是在排列不同種類的頭髮，從人體中拔出頭髮，並根據它們成長的位置進行有系統的分類——耳後的、頭上的、腿上的等等。遵循這個方法，你可能會建立出令人印象非常深刻的系統，但卻無法幫助你理解頭髮的真實本質。而因為這似乎太顯眼了，所以人們可能就會很容易忽略，也就是：必須將各種類型的頭髮與實際的人連

第四講
教學方法，必須是符合現實且是整體的

結。植物世界並沒有獨立存在，因為它是大地的一部分。你也許會認為，從植物學書本中，你了解到金鍊花（Laburnum）。我對其植物分類沒有異議，但是要理解為什麼它的花朵是黃色的，就要在向陽的斜坡上看著它，而且在觀察時還要注意它生長地的各個土壤層。只有這樣，你才能意識到它的黃色與讓它生長的土壤之顏色，有著相互的連結！而在這種情況下，你看著這種植物，就會像你看著從人體中所長出的頭髮。大地和植物（就像孩子已經知道的）是一體的。你不能在較低的年級中教授成人的植物學，也就是說：**當你在描述植物時，需要同時談論陽光的照射，以及關於氣候的條件，以及土壤的組成**——當然，這得以適合孩子年齡的方式談論。

當我們在展示中來教導植物學——拿著單獨的植物，一株接著一株——便違反了孩子的天性。即使是在展示中，一切都是取決於研究對象之選擇。孩子對活生生與真正真實的東西，會有一種本能的感受。如果你帶來的是死掉的，你就會傷到活在孩子之中的東西，你會擊中孩子對真理與真實的感知。但是在今日，人們很少意識到這些特質的細微差異。想像當代哲學家在思考著「存在」的概念。無論他們選擇水晶還是盛開的花來作為沉思的對象，對他們來說幾乎都沒有差別，它們是相同的。人們都可以將它們放在桌面上，這兩樣東西都是存在的。但這完全不是事

實！關於它們的存在，這兩樣東西並不是同質的。三年之後，你可以再次拿起水晶，它是根據自己存在的力量而呈現；但是盛開花根本不只是它呈現的那樣。花在本質上是一種假象。為了賦予花朵存在，就必須描述一整株植物。就其本身而言，開花在物質世界中是抽象的；而水晶則非如此。但是，今日的人們失去了在事物的真實中，區辨出這個差異的感知能力。

然而，孩子仍然保有這種本能的感覺。如果你帶給兒童的東西不是整體的，他們會體會到一種奇怪的感覺，而這會跟隨他們進入到往後的生活中。否則泰戈爾不會將斷腿描述為童年裡極糟的印象。人的腿本身並不代表現實，它與真實無關。當一條腿是整個有機組織的一部分時，就是一條腿。如果它被切斷了，就不再是一條腿了。

這樣的事情必須恢復為有血有肉的狀態，透過從整體到部分的過程，我們理解了真實。假如我們將它獨立出來，並用完全錯誤的方式去對待分開的部分，就很容易發生這樣的事。**就低年級的植物學而言，我們必須從以大地為整體出發，並把植物視為大地所長出來的頭髮。**

第四講
教學方法，必須是符合現實且是整體的

給孩子的動物學，
必須看見動物與人之間的互相關係

　　關於動物世界，如果你依照常用的分類方法，孩子根本無法與動物有適當的連結。因為動物學只會在10歲或11歲時才介紹，所以你可以對孩子有更多一點期待。但是，即使在科學上是合理的，然而根據常用的分類來教動物研究，對這個年齡的學生來說卻沒有什麼真實的意義。現實的情況是，整個動物界代表著一個分離的人。

　　以獅子為例，在牠身上，你會看到單一面向的胸部組織發展；而以大象為例，你可以看見牠整個組織都往上脣延長；長頸鹿的例子中，整個組織都努力讓脖子更長。如果你因此可以看到每隻動物都是人類有機系統的單一面向發展，以此來研究整個動物王國，並且一路下到昆蟲（一個人可以再深入，下到「地質動物」，儘管螳螂目不再是真正的地質動物），**那麼你就會了解到整個動物界是一個「人」，就像一把打開的扇子那樣開展；而人的生理組織構成了整個動物界，就像封閉的扇子一樣折合起來。**這樣才能用正確視角帶出人與動物之間的相互關係。當然，將以上這些都放入如此少的文字中，會使其變得抽象。你必須將其轉化為活生生的內容，直到你可以根據特定的人類有機系統的單一面向發展，

來描述每一種動物的形式。如果你能找到必要的力量,依照這樣的意義為學生生動的描述動物,你很快就會看到他們的響應。因為這就是他們想聽的。

因此,植物與大地相連,就好像它們是大地的頭髮。動物與人連結在一起,並被視為各種人類有機系統的單一面向發展。就好像人的胳膊或腿(其他情況下,是人的鼻子或軀幹等等)是獨立存在的,為了如同在大地上生活的動物。這就是學生理解動物形態的方式。這將讓老師能創造出「能適應成長中的人,以及孩子自身生活」的課程。

第四講
教學方法,必須是符合現實且是整體的

Q：關於宗教指導的問題。

A：從我關於兒童發展和宗教脈動的初步評論中，產生了一種誤解。到目前為止，關於宗教指導本身，我在講座上什麼都沒有說過，因為我今天才開始談關於華德福的教學實務應用。我已經說過，在兒童及其環境之間有一種「身體宗教」的連結（我稱為「bodily-religious」）。此外，我說幼兒的運動（只是因為他們的器官），只有在青春期之後（大約14或15歲之後）才會進入思考的領域。最初以精神方式表現出來的依舊存在，但會隱藏著，並在大約15歲時再次浮現於思考領域中——我以地下伏流再次浮出來做比喻。對成年人來說，宗教與思考領域有緊密的關聯。然而，如果教學要符合兒童的天性發展，就必須在早期階段就精心預備好之後要發生的事。因此就出現這樣的問題：「將人類發展的規律牢記於心後，要如何為6～14歲之間的學生安排宗教課程？」這是我們在接下來的講座中要討論的其中一個問題。

然而，在預期之下，我想說的是：我們必須清楚宗教元素是孩子與生俱來的、是孩子的一部分。正如我已經描述的那樣，直到換牙之前，透過孩子的宗教傾向，會特別

清楚的揭露出來。在我們普遍的文明中，最終成為宗教的（從成人意義上講），自然而然會是思考世界的宗教，或者至少是取決於其本質的構想，這倒是真的，且主要是活在成年人的感覺領域。直到14歲之後的青春期，才足以欣賞宗教的理想特質與本質。對於班級老師（一年級至八年級）來說，重要的問題是：「我們應該如何安排宗教課程？」或者，更準確的說：「在7到14歲之間，我們必須透過宗教課程來呼喚孩子哪一個部分？」

在第一個生命時期（換牙之前），我們會透過教育，直接影響到孩子的身體組織。在青春期後，從根本上來說，我們會在判斷的力量與青春期的心智圖像上起作用。在這幾年之中，我們在孩子的感受生活上工作。這就是為什麼我們應該採用圖像的方式，引領孩子進入這個階段，因為圖像會直接作用在「心魂」（Gemüt）[29]之中。心智圖像的力量只會逐漸成熟，他們必須在適當的時間之前做好準備。現在，我們在宗教課程中要做的事情，就是對孩子的心魂

29　「Gemüt」一字事實上無法翻譯。魯道夫・史代納博士解釋：「『Gemüt』活在心魂生活之中。」某部字典定義其為「內心、靈魂，或是內在」，然而這個字應該是單一概念而非分屬於這三個事物。因此，我們或許可以將「Gemüt」解釋為「心魂」──其中包含了內心與內在。

第四講
教學方法，必須是符合現實且是整體的

生活進行呼喚 ── 正如我明天會描述的其他主題。問題是：「我們要如何做？」

透過允許孩子體驗同感和反感，我們在孩子的心魂生活上作用著。這意味著我們透過在7歲到14歲之間發展出同感與反感，而這最終會引導出對於宗教領域的適當判斷，而能採取正確的行動。因此，要避免在我們的宗教課程中用「你應該」或「你不應該」的態度，因為這對教導這個年紀的孩子來說，幾乎是沒有價值的。取而代之的是，**我們要安排課程，對孩子應該要做的事情誘導出同感的感受。**我們不向兒童解釋我們的真正目標，而是以圖像元素作為媒介，以更高的意義與宗教上的意義，向孩子展示能讓他們充滿同感的東西。同樣的，**對於他們不應該做的事，要能試著引起反感的感受。**

透過這種方式，在對與錯的感覺基礎上（且總是透過圖像元素），我們試著從人類存在以及天性之中的「神聖精神」（divine-spiritual）逐漸引領年輕的學生，讓孩子擁有自己的神聖精神。然而，一直到八年級，這一切都必須透過心魂生活來觸及孩子。我們必須避免教條的方式與設置道德誡命；必須竭盡所能，預備孩子的心魂，以便發展在成年後形成合理的判斷能力。透過這種方式，我們為孩子的

未來宗教取向所做的事情，比起在兒童尚未準備好的年紀時，呈現宗教誡命或固定信仰教條還要重要。透過在宗教課程中，對孩子的心魂生活發出呼籲——也就是透過圖像來呈現我們的主題，而非透過信仰教條或是戒律——我們給予他們自由，發現自己在往後生活中的宗教取向。對年輕人來說是非常重要的，從青春期到二十多歲，他們能有機會透過自己的力量，將最初透過心魂生活所接收到的東西（從許多角度並且能擁有某種廣度），升起為有意識的個人判斷。這將使他們能夠找到自己進入神聖世界的道路。

在權威時代，孩子是在特定的宗教信仰中長大，還是透過見證老師潛在的宗教態度長大，會有很大的不同。他們將能夠「像植物上的卷鬚一樣把自己拉起來」，因此能在往後的生活中，發展出自己的道德。首先，**要在最終濃縮成你應該或不應該的態度中，找到「喜歡」**（pleasure）或**「不喜歡」**（displeasure），透過對於大自然的圖像進行沉思，並且學會辨識人類心魂如何透過內在圖像的神聖精神交織於自然和歷史中，而變得自由。到達新的階段後，年輕人就可以形成自己的圖像與想法。在這樣的方式下，就給予他在自身生活中心之外，接受宗教教育的可能性。而這只有在青春期之後，才有可能做到。

第四講
教學方法，必須是符合現實且是整體的

關鍵是，必須為未來階段做出適當準備。也就是說，對人類本質的正確見解必須成為基礎。在我的講座中，我使用了河流在地下消失並在較低層浮出作為比較。在生命的頭7年中，孩子有天生的宗教態度。現在，這進入了他們的心魂深處，成為了他們的一部分，並且在青春期之前不會以思考的形式重新浮出。在第二個生命時期，我們必須透過揭示對自我的洞察，在學生心魂的深處工作。透過這種方式，我們預備好讓他們長成為虔誠的成年人。若無法提供學生在往後找到自己宗教取向的可能性，我們就會阻礙這個過程。每個人都有個別的宗教導向，而在15年之後，它必須能逐漸贏得勝利。我們的任務是準備好基礎，以便讓這個情況正確發生。這就是為什麼在這個時代，我們必須像在其他學科課程中所做的那樣，來對待宗教課程。這些課程都必須透過圖像作用在孩子的心魂上、必須激發孩子的心魂生活。在每個學科中介紹宗教元素是可以做到的，就連數學課也是。任何稍微了解華德福教學知識的人都會知道，這個說法是真的。基督教元素遍及每個學科，甚至是數學。這種基本的宗教潮流穿透了整個教育。

然而，由於目前的情況，我們認為有必要對宗教教學進行以下的安排。我想再次指出，華德福學校不是空有思

想的（意識形態的），而是具有教學法的學校。我們的基本需求是，教學方法要與孩子的天性互相和諧。因此，我們既不希望，也不打算把學生教成「人智學者」。我們之所以選擇人智學作為基礎，僅僅是因為我們相信真正的教學方法可以從中產生。我們的天主教學生是由來訪的天主教神父教導，而我們新教徒學生是被新教徒牧師教導的。華德福的學生——他們的父母是具自由思考的人，根本不會接受任何宗教指導——由我們自己的老師來授予宗教課程的。然而，令人驚訝的事實已經出現了，幾乎所有華德福學生都參加了華德福老師提供的宗教課程。他們都湧向所謂的「自由」[30]宗教課程，在課程中老師以他們自己的方式，建構出能貫穿所有教學的內容。

這些自由的宗教課程，無疑引起了我們極大的關注。關於這些課程，我們與學校的關係是非常不尋常的。從人智學研究結果而來的原理與方法來看，我們認為其他學科對教育來說，都是必要與根本的。但是，關於自由宗教課程，我們覺得自己與來訪的天主教徒或新教牧師，都是處於相同地位。從這個意義上來講，給予自由宗教課程的華

30　「自由」在此的意思是「不與任何宗教有關聯」。

第四講
教學方法，必須是符合現實且是整體的

德福老師也是「局外人」。我們不想擁有一所空有思想（意識形態）或懺悔的學校，甚至不要有人智學的感覺。然而，在自由宗教課程中，人智學的教學法已經被證明是沃土，在這堂課程我們不教人智學，而是根據我們極具特色的方法去建構。

已經有很多人對自由宗教課程提出了反對意見，不只是因為有如此多的孩子，已經從宗派課程轉到自由宗教課程中──這也帶來了許多其他困難，因為缺乏足夠的教師，我們不得不在現有員工中找到一位又一位新的自由宗教老師。如果學生放棄他們的宗派宗教課程，這不是我們的錯。明顯是問題在於「來訪的宗教教師不採用華德福的方法」，正確的方法始終才是決定性因素，宗教教育中亦是如此。

 ：有關宗教課程的進一步問題。

**：所有與教育有關的提問和問題，都只能從教育學的角度考慮，才是華德福教育的特徵，宗教課程也不例外。牧師X先生當然會承認這兩個方向，也就是：一方面是透過道德教學代替宗教課程的可能性；另一方面則是宗派學校的可

能性，這是從截然不同的觀點中提出的。那些想徹底消除宗教的人，通常會提出用道德教育替代宗教教學的建議，他們的觀點是「堅持認為宗教或多或少已經變得多餘」。另一方面，宗教教條的傾向很容易引起宗派學校的渴望。這些都不是教育學的觀點。

為了將它們更精確的鏈接到教學方法上，我想問：「是什麼構成了教育學的觀點？」它肯定來自：假設人在童年或是青年階段尚未完整——有些非常明顯。孩子必須逐漸成長成為完整的個體，這只有在生命過程中才能實現。**這意味著所有潛藏和蟄伏於兒童之中的能力，都應要接受教育**——在此，我們有最抽象的教育學觀點形式。

如果有人表示，純粹的教育觀點來自洞見人類本質的成果，並且宣布孩子來到這個世界上時，天生就與宗教元素有著親密的關係，而且在頭7年中，孩子全身都沉浸在宗教中，卻聽到有人呼籲要用道德倫理課來取代宗教課程，那麼這樣的人一定會覺得：「持有這樣想法的人不願意鍛鍊人類的肢體。」以一條腿為例，因為他們已經得出結論——除了使用腿之外，人類需求還要接受各個方面的訓練！因此「呼籲要排除人的根本部分」，只會源自於狂熱的態度，而從來不會源自真正的教育學。就捍衛教育學

第四講
教學方法，必須是符合現實且是整體的

原則與仔細審查教育學的動力來說，宗教教育的必要性，確實來自教育學觀點。這就是為什麼，我們根據當局的學校法規，為那些孩子建立了自由宗教課程，否則就會如前所述剝奪了他們的宗教課程。透過這樣的安排，屬於這一類的孩子就都參加了自由宗教課程，因此華德福學校的學生都會接受宗教教育。這個程序使我們有機會將宗教生活帶回整個學校中。

　　談到要在學校適當的培養宗教生活，透過「訴諸於年輕人與生俱來的宗教意向，以反對所謂的『無宗教啟蒙』影響」，可能會是走向宗教復興的最佳途徑。我認為，把宗教帶給在宗教上持不同意見的孩子上，華德福學校取得了一定的成功。無論如何，天主教和新教的孩子都會接受宗教教育，但要找到合適的形式讓我們能向所有孩子開放這門課，真的是一點也不容易。而這只能從教育學的觀點來爭取。

第五講

運用心像能力，
看見7～14歲孩子的細緻轉變

（1923年4月19日）

在7歲到大約14歲的這段期間，教師主要的關注點，必須在學生不斷進化的「感受生活」（life of feeling）。對教育工作者來說，擁有創造「心像」（mental imagery）[31]的能力非常重要，這將能引導學生度過這個特定的細緻轉化階段。

當孩子們進入學校的時候，之前我所談到的「渴望身體宗教」依然殘留著。孩子仍然渴望透過感官，吸收發生在周圍的一切；這種感知會轉化為模仿，之後會與傾聽來自老師自然權威的東西相連結。**在這個階段，真理並非基於孩子的判斷，而是呈現**

31　編注：長期記憶中具備大量感覺訊息內容的記憶形態。

為老師是自然受人尊敬的權威時所說出的話。與此類似的是，當被認為是錯的時，也只是單純贊同這個自由接受的權威認為是錯的。這也適用看起來是美或是醜、是善或是惡的事物。孩子只有在經歷過不批判的崇敬權威聲音後，才能在成年時期發展出獨立的判斷能力。當然，我在這裡不是指任何強制執行的權威；我所說的權威，絕不能由外部強加上去。而且，如果是在某些情況下，為了整個社會利益有必要用威權的方式時，孩子也不應該意識到這一點。當孩子用完全信任的眼光，仰望老師或其他成年照顧者的權威時，必須總是有安全感。從孩子第一天上一年級到九年級，尤其是在七年級到九年級，一切都必須有這種與權威的溫柔關係來支持。這種關係應該要能保持更長的時間，但在9～10歲之間，必定會有所改變。

讓課程充滿藝術、圖像與節奏，而不是試圖對孩子解釋

同樣的背景下，我們現在必須看看另一個觀點。在生命的第一個階段（即從出生到換牙），孩子如同巨大且多方面的感覺器官般在生活，但作為感覺器官，意志力也作用在生活中的每一刻。

我使用「意志力作用的感覺器官」也許聽起來奇怪，但這只是因為當代生理學與其衍生的流行觀念，是完全不足的。例如，今天的人不會將「意志力量」與「人的眼睛功能」連結起來。儘管如此，即使在眼睛中，感知到圖像是由於意志的活動。其他感知器官的功能也是如此，「意志體」（will-substance）有助於創造內在感知的印象。感知器官的任務，首先是使自己或是人們，被動的暴露於外部世界的影響下。但在每一個感知器官中，也會發生一種內在活動，這就是意志的本質。

在換牙前，這個意志元素非常密集的作用在孩子的整個身體中。在換牙之後，它也依然活躍，因此在進入學校到9歲之間，孩子之中的這種主要意志元素，只能容忍一種接近外部自然與人類存在的方式，也就是「完全人性化與圖像化」。這就是為什麼，我們的教學法採用的不是「美學」，而是徹底的「藝術元素」，特別是在年幼的班級中。這一點，我們透過允許孩子從一開始就使用液體顏料來達成——即使這種做法可能會在課堂上造成相當不舒服的後果。**我們透過讓孩子自己處理，並將顏色一個接著一個畫在紙上——不根據先入為主的觀念，而只是出自於對顏色的本能感知；透過隨之而來的內在滿足，孩子能與他們的形塑力量和諧作用。**當我們給予這個機會的時候，在彩繪藝術中的色彩組合裡，孩子會表現出美妙的本能；接著老師就會很快明

第五講
運用心像能力，看見 7 ～ 14 歲孩子的細緻轉變

白，該如何引導孩子開始使用色鉛筆繪畫，而從中發展出書寫。

　　但是，該年齡層的孩子還無法做到聽從解釋，且對此完全不了解。如果老師在第一個學年試圖解釋這些科目，孩子就會有遲鈍與沉悶的反應。這種方法根本行不通。另一方面，**如果不解釋學科的內容，而將其變成一個故事；如果能用心智圖像為文字添上色彩；如果能把節奏帶入整個教學方式中，那麼一切都將順利的進行。**如果教師與音樂的關係不局限在狹隘的感官上，如果他們能夠將音樂元素引入教學之中——如果他們的課程充滿了節拍、節奏與一點點音樂特徵——孩子就會自發的做出反應，並且能夠敏銳的理解。另一方面，如果那些透過訴諸於學生的感受，來介紹這個世界的老師，現在將人類作為分離的實體來談論，孩子將會感受到內在不滿。他們會拒絕，的確，他們根本無法忍受。在這個階段中，孩子真正想要的是，他們所學到的每一件事（即使它是無機自然的一部分），都要是以活生生且與人類相連結的方式呈現。

在孩子達到必要的成熟度前，
認識「人」必須與動物外形連結

面對說明「人是什麼」的內在恐懼（我認為可以說得那麼強烈），會伴隨著孩子直到12歲。從9歲到12歲，可以用我昨天描述的訊息作為課程內容。只要我們富有想像力的呈現，就可以在「談論植物世界時，使用從大地上長出頭髮」這樣的詞語；可以透過「以特殊化的單一面向，展示我們如何在每種動物的外型中，看見部分的人類有機體」來介紹動物研究。然而，在這個階段，我們絕不能直接把人當作一個物件來研究，因為孩子還沒有準備好。只有到12歲時，他們才會體驗到一種朦朧的渴望「想要將整個動物王國聚集起來」，才可以發現到——存在人類之中的，就是動物界的綜合。這可以構成11歲和12歲之後的全新課程內容。

你現在被告知，**教師應該要在學生達到必要的成熟度，在他們能以「人」做為可分離的實體研究之前，應該將人類組織的某些部分，與某些動物的外形連結起來**。這聽起來很矛盾，但生活中充滿了這種明顯的矛盾。儘管如此，這樣的學習方式是正確的，且必須持續到偉大的時刻來臨之前，也就是：教師可以向學生展現在單一人體之中聚集的東西，如何展開成為整個動物界。

第五講
運用心像能力，看見 7 ～ 14 歲孩子的細緻轉變

在教學時，允許孩子能在生活中強烈體驗到這幾個決定性的時刻，是極度重要的。其中一個時刻，是要透過孩子的心魂領悟到——**從人類的身體上看**（但得在更高的層次上），**人既是整個動物世界的精華，也是整個動物界的綜合體。**這種攀登童年高峰的內在體驗（如果我能以此來比較），比一步一步獲取知識更重要。它將會對孩子的餘生帶來有益的影響。但因為我們這時代的道路是往外部科學的方向發展，幾乎沒有密切看待人類本質的趨勢。否則，就不會發生如同他們在我們文明中所做的情況——尤其是在現代靈性生活中。你只需要想想我在第一天的講座中所強調的內容。

9～12歲之間，所有課程都必須形成圖像

所有孩子的身體過程中，心魂力量會作用到7歲，而在換牙期間會有一定程度上的結束。我已經將這個過程，比擬為物體溶解後在容器底部形成的沉澱物。沉澱物代表著更密集的部分，而在它之上的是更精細的溶液，這兩種物質彼此分離。同樣的，直到換牙，我們可以看到兒童的肉體和乙太體，仍然會形成同質的溶液，要到身體沉澱後，才會留下自由且獨立運作的乙太。

然而，現在物質體可能會保留太多心魂物質。部分心魂物質必須永遠留在身後，因為人的物質體，必須一生都被心魂與靈性滲透。但是太多的心魂和靈性物質被保留下來，所以留在上部的就會太少。結果會是：人類身體的心魂物質過度飽和，而他在心魂和精神上的對應物就會變得太單薄。若帶著這必要的洞察力，當這個情況過於頻繁出現時，人們就可以在7歲到14歲的孩子身上清楚看到。但是為了看到這一點，人們必須能夠精確區分在我們人類組織中，什麼較為粗糙與什麼較為精細。

　　今日，**我們的社會必須發展出一種由「足夠強大的心理學所支持的生理學」，但心理學不是抽象的，得有必要的生理學背景支持**。換句話說，人們必須能夠認識到身體和心魂之間的相互關係，否則就會產生業餘的生理學與同樣業餘的心理學。由於缺乏清楚看透人的能力，當代科學生活就產生了兩種外行的科學分支。它們之間的相互影響就導致了「平庸的平方」，或者也稱之為「精神分析」。

　　就像一個數乘以自己，就是這個數的平方，一個外行的生理學，乘以外行的心理學，就等於精神分析，而這是精神分析起源背後的祕密。我不是要誹謗精神分析，事情並非如此，這是因為當今的科學趨勢，讓社會生活在心理學變得過於稀薄以及生理學過於濃重的時代。從這個角度來看，生理學非但沒有成為科學的

第五講
運用心像能力，看見 7 ～ 14 歲孩子的細緻轉變

真正分支，反而從本來應該保持均勻的溶液中，承擔了沉澱物的角色。這只是一個圖像描述，但我希望你能理解。

　　無可避免的，我們需要弄清楚成長中的人是如何發展的，以及我們必須如何對兒童生命中的每個特定階段，都給予適當的關注。因此，我們發現在9歲到12歲之間，孩子可以接受任何「以畫面」來到他們面前的事物。直到大約9歲的時候，他們會想要參與圖像的形成——不過他們依然無法扮演旁觀者的角色。在這段期間裡，教師必須以生動的方式與學生一起工作，他們會在其中共同努力，這本身就已經具有圖像的特質。**而教學中是否涉及實際的繪畫創作，例如繪畫、線條畫或類似的活動，都是無關緊要的；所有教育工作、課程本身，都必須形成圖像。**然後，在9歲到10歲之間，當孩子發展出新的感知，可以更外在的呈現圖像元素時，就是我們可以適當介紹植物學與動物學的時候。這兩個科目特別需要以圖像及富有想像力的方式呈現；帶領9歲到12歲孩子的老師，愈能做到這一點愈好——這相對於人們在一般植物學教科書中發現的情況，那裡嚴重缺乏圖像。以真實的想像力描繪植物世界的多種形式，是非常有益的，因為要實現這個需求就必須與孩子「共同創造」。

　　當代文化期待要能分享世界的創造力，但中年人一次又一次的來找我，且充滿了絕望，因為他們無法用圖像來理解任何事

情。這個缺點可以追溯到他們在童年時的需求，並沒有被充分滿足。

物質體、乙太體、星芒體，
如何影響孩子的成長

當我們說人由物質體、乙太體、星芒體和自我組成時，太容易被這個世界嘲笑了。只要人們僅僅使用普通科學的尺度來評價這些事情，就會忍不住笑出聲來，這是非常可以理解的。但考慮到我們嚴重紛亂的文明，人們至少會期望能有一點意願，去尋找在其他地方找不到的東西——其中有許多明顯是難題。當然，要詆毀以下對人的描述，是很容易的：

物質體是在分娩時出生的，透過身體踴躍的宗教虔誠才能發展，並透過模仿直到換牙。在最初幾年中，乙太體與其他力量都完全作用在孩子的身體上，是作用在孩子身上的心魂與靈性力量。星芒體只有在青春期的時候才會出生，並從那時開始成為獨立的存在。而就人的自我而言——這只能在有所保留的情況下來談——自我只有在生命的第20年之後才會完全出生。

第五講
運用心像能力，看見 7 ～ 14 歲孩子的細緻轉變

與第一年從事學術研究的年輕人交談時，儘管對於最後一點保持沉默可能是最明智的，但這仍然是不可改變的事實。

如果不知道這四個角色（物質體、乙太體、星芒體、自我）之間的特徵差異，人們很可能會將這些區分視為胡說八道——或者至少是某些多餘的東西。然而，當人們了解人類整體時，就會有所改變。你看，如果我們看身體的物質，會發現它的主要特徵是施加某種壓力。我同樣可以說它占據了空間。它壓在其他事物上、推擠著。它也壓在我們的身體上，而我們透過觸覺的感知，來體驗這種壓力。

乙太的本質有自己的特性，過去40或50年間的自然科學將乙太視為比較奇特的現象。若要討論所有關於乙太本質的理論，得花費很長一段時間。達到這樣的程度時，許多人會斷言乙太在本質上與數學及力學原理相同，它們在空間中作用著，僅以某種線性力量存在著。對許多有才智的研究者來說，乙太的本質不過是在空間中環繞飛翔的「差商」（differential quotients）[32]，或者至少是某些可以用數學計算出來的東西。

正如你所看到的，對於「乙太是什麼？」，人們已經進行了

32　編注：也譯為「微商」，在單變量微積分中，差商通常是表達式f(x+h)-f(x)/h的名稱，當h趨近於0時，可得出函數f的導數。

許多艱辛的思考，這本身就足以令人欽佩。然而，沿著這些路線繼續走下去，就無法發現關於乙太的任何真正意義。必須知道乙太具有與壓力相反的特性，以及具有吸力的作用。它總是傾向加速排出並消滅空間中的物理物質，這就是乙太的特徵。物理物質填滿了空間，而乙太則擺脫了占據空間的物質。從質的意義上（而不是從量的角度），它可以被稱為「負物質」（negative matter）。

這也適用於人類的乙太體。**我們與物質體和乙太體的關係，包含著我們不斷摧毀與更新自己。**乙太不斷破壞實體物質，而物質體又再次建立實體物質。這個說法，與當今普遍接受的能量守恆定律相互矛盾。我只是順便提一下，但這是事實，儘管如此，這個能量守恆定律與人的內在本質並不兼容，它與真理相互矛盾。嚴格來說，這條規律只適用於無機領域中。在有機世界裡，只有血漿中的鐵粒子才是真的，但與人類整體無關。其中，乙太的吸力（乙太的吸力會摧毀物質）過程與受到物質體影響而修復的過程之間，會持續振盪。

星芒體不只在空間中吸引，而且（聽起來很奇怪）在時間中也會！它具有在時間上向後引導的特質。如果思考一個老年人的生活，對我們來說就會更清楚。想像一下，假設你已經50歲了。在你的星芒體中，力量總是在起作用，帶你回到生命中的早期，帶你回到青春期之前的時間點。50歲的人不會在他們的星芒體

第五講
運用心像能力，看見 7 ～ 14 歲孩子的細緻轉變

中體驗到當下的年齡，實際上會再次體驗到11、12、13或14歲的自己。這些過去的年代，透過星芒體的向後引領活動向他們輻射。這是生命的祕密。實際上，**我們只是在物質體上變老、在乙太體上振動，然而星芒體將我們一次又一次帶回生命的先前階段。**關於星芒體，我們都還只是「成年的孩子」。如果我們想像自己的生命歷程是象徵性的以「管子的形式」來表達，如果我們已經達到了某個點，比如說50歲，那麼我們的成年孩子就會一直閃耀進我們50多歲的自己之中，因為星芒體總是把我們帶回到過去。

在星芒體中，人總是生活在「向後」（回顧）中，但這種回顧性的生活自然只會從青春期到來才開始。如果一個人可以完全且認真的接受這一點，那麼他將體會這個情形會如何影響教育，並給予學生可以服務他們往後生活的事物。**無論人們決定對學生做什麼，我們都可以在往後的生命脈絡中看見，甚至到他們90歲的時候！**這種意識將賦予教師一種適當的責任感。這種真正重要的責任感，源自於人們了解「自己的行為究竟會有什麼影響」。

然而，這種意識只有在教師學習如何辨識可以影響人類生命、隱密的相互連結時，才能培養。如果達成了，老師將不會宣稱「只教孩子他們能完全理解」的東西。如果考慮到人類存在的真正本質，這樣的態度真的會令人感到震驚，而那些標榜從具體示範角度所編寫的教育學教科書與和手冊，也讓人感到絕望。在這樣的教育中，總是將目標降低到孩子當時發展階段的水準，並以此處理每一件事，這樣他們才能仔細的檢視每一個細節。而這種方法剝奪了孩子極其重要的生命價值，因為任何人都可以看出，童年與人類生命的整體連結。

讓我們以一個8歲孩子為例，他接受了還不能理解的東西，只靠愛的力量與尊敬老師就接受了某些事，只因為不管老師說什麼，一定是對的、好的。在這裡，對老師的愛（或者同感）是內心接納的載體（媒介）。孩子可能要到大約35歲的某個時候，才能完全理解這件事。對現代人談論這些事情並不容易，因為他們通常不同意「只有在生命的35歲，才能獲得足夠的成熟度以了解某些事項」這樣的觀點。儘管如此，這是事實，只有在35歲時，人才足夠成熟到可以了解某些事物，也就是那些小時候，出於對老師的愛而接受的東西。再一次，在這個年齡，人的經驗是從星芒體倒退的結果。有些事物是從內部升起的，是一種鏡面反射，在現實中，就是回到童年時光，就像升起的一種內在願景。

第五講
運用心像能力，看見 7 ～ 14 歲孩子的細緻轉變

當一個人35歲時，已經變得成熟，從靈魂深處而來的領悟是──直到現在，我才了解我8歲時出於信任所接受的事。

這種了解事物的能力，會被愛滲透，因此在一個人的生命中會存在許多年，這對人的生活產生極大的振奮。我們可以透過保護孩子與生俱來對於權威的感受──這種感覺會成為愛與同感的載體──賦予孩子潛在的振奮力量；也可以給孩子一些他們還無法完全理解，但將會在未來生活中逐漸成熟的東西。不認可這種相互連結的教師，課堂上只會有學生當前所能理解範圍的內容。另一方面，相反的觀點也同樣是錯誤且不合時宜的。**了解人類本質的老師永遠不會對孩子說：「你還不能理解這一點。」絕不能做出這樣的評論，如果必須與學生建立良好的關係，說出的話語總要有合適的包裝。**

從12歲開始，孩子才能漸漸理解因果關係

如果我們在此所談論的教學法變成了本能，人們就知道在什麼時間點應該要說什麼樣的話。最重要的是，人們會避開明確的定義或死板的概念。當老師的想法和概念發展到不再適應或不再有彈性的程度，真的會令人感到震驚。這會產生類似於孩子的小

手被迫戴上鐵手套的效果，阻擋了他們的自然成長。我們不能用已經完成的概念來囚禁孩子的心智，而是要給他們可以成長與進一步拓展的概念。**我們必須給予他們可以產生轉變、活生生的概念，但這只能在每個學科中透過想像的方式達成——當然，要一直用到孩子12歲的時候。**然後，到目前為止，我所描繪的教學方法將會鼓勵你更有創意的使用語言，並畫出有所幫助的黑板畫，或是拿起畫筆為你所想要傳達的內容，創造出充滿色彩的插圖。但我們必須始終意識到——老師所帶來的一切，必須有內在的流動性且要能維持流動；因為人們必須認識到，隨著生命第12年的到來（實際上非常接近12歲），有一些新的事物會開始發展，就是對於因果關係的感知。

在鄰近12歲時，孩子的心智中並沒有因果關係的概念。他們的眼睛能看見移動的事物、他們可以理解靈活的想法，而且他們可以感知到以圖像或以音樂形式出現的事物。然而，**任何與因果關係連結的東西，得大約到12歲的時候才會有意義。**因此，在此之前必須不惜一切代價避免這樣的概念，之後我們才可以開始理解因與果之間的關係，並進行深思。而只有在這個時候，孩子才會開始對各種事物擁有自己的想法。之前他們用圖像看這世界，但現在有些事開始如日出般出現，且只會在青春期時才發光——那就是思考的生活與形成判斷的能力，這與思考密切相

第五講
運用心像能力，看見 7 ～ 14 歲孩子的細緻轉變

關。

在換牙與青春期之間，孩子主要是生活在感受的領域；換牙之前，他們生活在意志的領域，這雖然離思考領域還很遙遠，卻與兒童模仿周圍環境的事實密切相關。而這時進入孩子身體的事物，也包含著道德與靈性的力量，這些力量成為孩子有機組織之中的堅固建設。這就是為什麼要在10歲與11歲期間（在大多數情況下要到12歲的時候），不可能與他們交流需要理解因果關係的知識。因此，在大約12歲之前，都不該向學生介紹礦物界，也不應該在那個年齡之前探索物理學相關概念——儘管這些概念必須透過圖像提早做準備，但要繞過因果關係。但是任何與無機世界因果關係有關的事情，只有到12歲左右才能夠掌握。這是問題的其中一個面向。

過早接觸因果關係，
會讓孩子憤恨社會普遍接受的判斷

當我們在教歷史的時候，會遇到另一個問題面向。在12歲左右，不可能喚醒學生理解歷史相互連結的複雜結構。對教師來說，在這個年齡之前，用圖像描述歷史人物的行動，才是具有智

慧的——**這些歷史人物的善良、真實以及其他偉大的特質，會激起孩子心魂之中的同感，或者會在負面特質的情況下，激起孩子心魂之中的反感。**在這個階段，歷史內容應該先訴諸學生的感受。這可以透過有智慧的選擇歷史人物和事件去實現，且應該以完整的故事來呈現，但應該要能在學生的心智中保持靈活（依照前述的概念）。只有當星芒體倒退的力量開始出現時，才可以講授連結早期和後期歷史事件之間的因果關係，而這些力量在14歲之後會逐漸發揮作用。在大約12歲的時候，孩子會進入這條逆流之中，這也是人們可以開始訴求歷史因果關係感知的時候。

如果提早執行並實施這件事（與因果概念有密切相關的是形成判斷力），對往後的生活會變得非常有害。起初只有孩子的乙太體，到了第12年，星芒體慢慢開始出生（會在青春期完成）。但在那之前，乙太體已經發展完全。如果你要求學生做出判斷（通常會有對或錯的性質），或者是你讓他們記住「預先構思」（prefabricated）的概念，這些將會進入乙太體而不是尚未出生的星芒體。但是星芒體帶著什麼？正如你可以從性成熟的事實中得出的結論，星芒體也承載著人類的愛。當然，愛在青春期之前就已經在孩子身上活躍了，但還沒有達到獨立存在的程度，也還沒有完全誕生。因此，批判性的判斷及其所伴隨的對（是）或錯（否）的特質，會被灌輸到孩子的乙太體中而不是星芒體。另一方面，如果

第五講
運用心像能力，看見 7 ～ 14 歲孩子的細緻轉變

是在正確的時間點進行，那星芒體的愛與仁慈力量將會成為形成判斷或批評中不可或缺的一部分。如果犯了強迫孩子做出批判性判斷的錯誤——讓他們太早在對（是）或錯（否）之間做出決定，你就會在他們的乙太體中填滿不成熟的判斷。但乙太體並不仁慈，它會把擋在面前的任何東西吸收進去。事實上，在這種情況下時，甚至會是惡意的，而且具有著破壞性的作用。這就是當你讓孩子過早決定對（是）或錯（否）的判斷時所做的事，因為對（是）或錯（否）的判斷，總是埋藏在因果關係背後。

另一方面，本身就完整的歷史過程，或栩栩如生的描寫歷史人物，都可以簡單的視為人們在看圖像的方式。然而，只要人們將較晚的歷史時期與較早的歷史時期相互連結起來，就必須做出判斷、必須拒絕或接受，而這個選擇總是包含著對（是）或錯（否）的元素。這種讓14歲以下兒童過早進行判斷的最終結果就是，他的內在會憤恨被社會普遍接受的判斷。**如果太早發展判斷力，那麼在接收他人的判斷時，就會有著潛在的破壞力而無法有仁慈的態度。**這些事情論證了在正確時間做正確事情的重要性。

請牢牢記住，讓我們再次比較動物與人：當觀察動物的外在面貌時，牠的形就表明了牠所做出的一切。我們還可以觀察動物的行為，但就人類而言，我們必須找到內在原因。因為孩子只有在12歲時才成熟到足以尋找原因，所以這是將動物世界介紹為

「展開的人類」，或「人類是整個動物世界的綜合體」的適當時間。這是當老師被要求去影響孩子的經驗，並滿足其特定階段內在需求的實例。

現在你必須承認，這就是在換牙和青春期之間，孩子的本質發生強烈逆轉的標誌。從某種意義上來說，孩子的心魂現在完全是由內而外繼續前行的。回想一下，在12歲之前，孩子還無法忍受聆聽對人的描述；而現在，他們開始將自己視為世界的鏡子──在概念上，以想法的形式達成。這種對人的全新描繪已經準備就緒（也就是對自身的描繪），也確實代表了在換牙和青春期之間，兒童本質徹底轉變。

孩子所認識的世間萬物，
都必須透過老師與之連結

同一時間（大約在9歲到10歲之間），孩子的生命之中也發生了另一個非常重要的轉變。每一個孩子的轉變不盡相同，有些孩子要到10歲之後才會發生，但每位孩子都本能、無意識的面臨著生命之謎。這種變化的方向是由內而外的，這個新的存在意識，是被外部世界包圍的自我（過去，這兩個方面是交織在一起的），是

第五講
運用心像能力，看見 7 ～ 14 歲孩子的細緻轉變

某些孩子還無法有意識體驗到的事物，而透過內在的懷疑與躁動不安，他們在這個時候將會有所感受。在身體上，當這兩種過程開始彼此變得和諧與平衡時，呼吸就適當的融入了血液循環，脈搏與呼吸之間的關係已經確立。這是在身體方面，而在心魂和靈性的對應上，就是兒童對教師或教育者的協助產生了新的倚賴。**這樣對尋求協助的訴求，不一定是透過直接提問來表達，而是特定的行為。**

現在，教師被要求要培養出必要技能，以正確衡量每個學生都有、巨大卻無法言說的生命問題，且情況各不相同。這個偉大的人生問題是什麼？在這個時間點上，孩子對權威的自然感知，來自於「教師作為整個世界的代表與傳遞者」這個圖像。對孩子來說，星星會動，是因為老師知道星星的運動；事情有好有壞、有美有醜、有真有假，是因為這是老師的評價。**世間萬物都要透過老師，才能與孩子連結，而這也是老師與孩子之間唯一的健康關係。**

然而現在（在9歲和10歲之間，有時候會稍晚一點），孩子的心魂中會升起一個問題，不是以概念或想法的形式，而是以一種感覺的形式：「我的老師是從哪裡接收到這些知識？」如果用圖像說明就會是「在這個時刻，老師對學生來說會開始變得透明」。孩子想看見老師身後、活生生的世界，而這時，老師必須堅定的成

為學生由衷的信念，也就是「老師是世界適當的協調者，並且體現了真、美與善」。在這個階段，孩子無意識的本質會前所未有的考驗著老師。他們想確認，老師是否真正值得代表整個世界。

同樣的，我們必須對這一切保持沉默。如果老師曾經解釋，或使用其他方式提及或暗示這樣的情況。對孩子來說，只會是軟弱的徵兆，因為他們目前的意識狀態尚未發展因果關係的概念，任何需要證明的東西，都只顯得軟弱與內在的不確定性。心魂之中的強烈體驗，是不需要證明的。

就我們的文明歷史來說，也是如此。我不打算現在詳細說明，只想給你一個生動的印象：直到中世紀的某個特定時期，人們才知道「最後的晚餐」的含義。對他們來說，這是不需要證明的。然後情況突然發生了變化。從正確的角度來看，這只是表明對於這個事件的真正理解，已不復存在。如果有人被抓到是現行犯，沒有人需要證明這個人是小偷。但是，如果小偷在沒有被抓現行的情況下逃脫了，就必須先找到證據，才能稱此人為小偷。不確定的情況下總是需要證明，但是清楚而直接的生活事實，則不需要證明。這就是為什麼，每當人們試圖找到邏輯形式與現實之間的內在連結時，就會如此的可笑。這有點像是尋找通往山頂的路徑與山本身的內在連結，這條路是為了讓流浪者到達山頂，攻頂之後就能看見山。**邏輯的存在只是為了達到現實，而現實則**

第五講
運用心像能力，看見 7～14 歲孩子的細緻轉變

是從邏輯結束的地方開始。

　　意識到這些事情是至關重要的。當學生正在經歷人生這個重要階段時，千萬別犯了「想向他們證明」這個錯誤，因為世界正在向他們真實的詮釋。在適應課堂上的這種新情況時，必須讓學生產生一種不合理的信念，也就是「老師知道的比他們以前想像的還要多」。這可以重新建立起師生之間的適當且正常的關係，或許是用一種和藹可親的態度，在隨口評論一些新的、意想不到的事情時，讓孩子感到驚喜，這會使他們坐直來聽；如果學生覺得，到目前為止，老師真正的勇氣還沒有完全表現出來，且真的能達到意想不到的高度，那麼就會出現現在所指的這種情況。人們必須為這樣的時刻保留一些東西，這樣老師的形象才能繼續引導孩子尊重他。生命中，有個重要問題的解決方案，有賴於「學生感受到，老師甚至可以做到超然於我」。這也是在這個階段必須給孩子的安慰與力量，這樣就不會讓孩子身上充滿光輝的期待感到失望。在內心深處，這些孩子渴望從讓他們同感和愛的那個人身上得到保證。如果這個關鍵的時刻沒有被注意到，教師就必須面臨在9到10歲左右的學生身上失去權威，並得進行控制的痛苦經歷。因此，他們很可能會受到誘惑，想要向孩子證明自己所做的一切，而這個可怕的錯誤只會讓事情變得更糟糕。

學生時期的記憶，
只需要留下社會生活所需要的事情

　　當這樣的教育觀點成為第二天性時，人們還會發現其他有用的指導方針。但是課堂上所呈現的東西，都必須是一致的、必須結合在一起。我已經說過，我們允許年幼的孩子依靠自己的形塑力，自由且自然的繪畫（畫水彩）——從液體顏料開始，而不是用彩色鉛筆。透過這樣的方式，人們很快就會意識到孩子是生活在色彩的世界中。過了一段時間後，年幼的學生會逐漸體驗到某種遙遠的東西——某種將我們拉到遠方的東西——像是藍色。不用說，老師必定也經歷過這種藍色的特質，而黃色和紅色似乎會向觀者靠近。孩子在7、8歲時，就可以用非常具體的方式體驗到這一點——除非他們在繪畫或繪圖時，被指定任務所困擾。當然，如果強迫孩子依樣畫葫蘆的繪製房屋或樹木的外觀，那麼很快就會喪失這種色彩經驗。但是如果有人能引導孩子，讓他們可以去感受到「我的手在哪裡移動，顏色就會隨之而來」（那麼使用的材料類型就是次要的），或者「顏色真的在我的手指下活躍」（顏色想擴散得更遠一點）。當可以從孩子的心魂中引出這樣的感受時，就能讓他們發現某些基本且重要的東西，也就是「色彩透視」（color perspective）。孩子會覺得泛紅的黃色會向我們走來，

第五講
運用心像能力，看見 7 ～ 14 歲孩子的細緻轉變

而紫藍色會帶我們到遠處（退到背後的背影效果）。我們就這樣生動的，為某些在稍晚階段必須介紹的事物——線性透視（linear perspective）——預先準備、打下基礎。在學生對色彩透視有豐富體驗之前就教授線性透視這門學科，會非常有害。而他們沒有先內在吸收顏色的特質（這是固有的色彩體驗）就教他們量化的觀點，會使他們膚淺並產生有害的影響。

但還有更進一步的影響是，如果阻止孩子深入體驗色彩透視，在學習閱讀的時候就無法發展出必要的動機（永遠要記得我昨天所表達的概念，沒必要過早強迫孩子進入閱讀）。這些色彩體驗將會刺激孩子心智圖像的流動性、情感的柔軟度，以及意志活動的靈活性。孩子的整個心魂生活將變得更敏銳與柔韌。很可能會有這樣的情況：如果你是採用繪畫繪圖的方式，孩子不會快速的學會閱讀。但是當正確的時候到來時，可能會發生的事是：閱讀不會太過鬆散，但也不會太緊，而每個字母好像都能刻入孩子溫柔的心魂實體中。

重要的是，**凡是透過心魂與靈性能力所理解的東西，都應該在人類存在之中找到適當領域**。我們永遠不該問：「如果在往後的生活中永遠用不到，那教孩子畫畫有什麼意義？」這代表了一種全然膚淺的生活觀，實際上，孩子完全需要這項活動。如果想了解孩子需求的複雜性，就必須了解人的靈性背景。正如在與孩

子交談時不應該使用「你無法理解」這樣的表達方式一樣，成年人也不應該對孩子需要什麼或不需要什麼持懷疑態度。這些需求應該被認為是來自於人體構成本身，如此一來，人們將會以正確的直覺來回應。**若孩子忘記了一些已經學過的東西，人們也不會過度擔心，因為知識會轉化為能力，而這些能力能用在往後的生活中，才是真正重要的。**如果你給孩子的知識超載了，就無法發展出這種能力。必須要意識到（並且要實際實踐），在學生時期的記憶中，只需要留下社會生活所需要的事，讓學生的記憶有過重的負擔是徒勞的。

這就把我們帶入了關於個人與社會、國家或種族背景，以及整體人類之間關係的問題。要解決這個問題，我們必須在結合外部需求與教育實踐時，盡量避免傷害到人類本質。

第五講
運用心像能力，看見 7 ～ 14 歲孩子的細緻轉變

Q：關於為17歲大女孩上音樂課的問題。

A：鮑曼先生[33]向我們展示出的內容，是最重要的事情。在青春期與隨後的幾年期間，某種對音樂的判斷，將會取代孩子過去對於音樂的感覺與普遍的音樂經驗，而形成音樂判斷的能力。透過鮑曼先生所描述的現象，這種情況變得明顯——某種自我觀察開始顯現，是學生在自身歌唱時的自我觀察，從中更有意識的使用聲音的可能性等等。這必須有條不紊的培養。

然而，與此同時，還有另一些事情會變得很明顯——那就是，從這個階段開始，自然音樂記憶會開始稍微減弱，因此學生必須更努力才能夠記住音樂。在音樂課上，必須特別記住這一點。然而在青春期之前，孩子與音樂的關係是自發且自然的，因為他們的音樂記憶力非常好，某些孩子會開始遇到困難——不是在接受音樂方面，而是在記憶方面。這是需要解決的，我們必須嘗試重複幾次相同的音樂，但不是立刻重複，而是間歇性的重複。

33　保羅・鮑曼（Paul Baumann, 1887－1964），德國斯圖加特華德福學校的音樂教師。

這個特定階段的另一個特色是：**過去，他們對曲子中這兩個部分的體驗是整體的，然而在 16、17 歲之後，他們在傾聽音樂時會明顯的區別曲子的器樂和聲樂部分**（從心理學觀點來看，這兩種聆聽方式有著細微而密切的區別）。在這個年齡層，會更有意識的去聆聽音樂中的樂器聲。也會更理解各種樂器的音質。然而在早些時候，樂器是融入於歌唱之中的，但現在是以分開的方式來聆聽——聆聽和歌唱變成兩種分開卻平行的活動。

這個新階段的特徵就是：歌唱與欣賞樂器演奏之間有了新的關係，而教學方法必須以此做出改變。重點是，在這個年齡之前，都不要向他們介紹任何樂理。孩子必須直接接觸音樂，而**任何教師可能會想做的理論性觀察，都應該來自於學生的實踐經驗**。這個年齡層的學生，必須過渡到「逐漸能在更理性的基礎上形成音樂判斷」。

鮑曼先生貢獻的訊息最後部分所指出的，絕對是正確的：人們可以利用在音樂上表達自我的方式，來增強他們某種面向的「自覺」（self-knowledge）。例如，在華德福學校，我們讓年紀較長的學生做一些模型，從一開始人們就可以感知到他們創作物的個人特徵（當你要求孩子為某些東西製作模型時，他們的作品總是會展現出明顯的個人特徵）。但是關

第五講
運用心像能力，看見 7～14 歲孩子的細緻轉變

於音樂活動，在16歲或17歲之前，老師都不要深入了解學生的個人特徵。然後，為了避免單一面向，必須適當解決特定音樂領域對他們吸引力過大的問題。如果這個年齡階段的學生對某種類型的音樂發展出熱情——例如，如果他們強烈被華格納[34]的音樂吸引（在我們這個時代，許多年輕人幾乎都自動成為純粹的華格納崇拜者）——那麼老師必須設法平衡由於過於情緒化，而被音樂帶走的傾向，而不是發展欣賞音樂本身的內在結構（在此絕對沒有對華格納的音樂有任何批評的意思）。

在這種情況下所發生的事情就是：音樂體驗太容易滑入情感領域中，於是需要再一次提升到意識領域。甚至在學生唱歌的音質上，音樂家也會注意到這一點。如果學生在感受的領域中有太多音樂體驗，他們的聲音聽起來會與那些傾向聽更多音調結構的年輕人不同，而後者更能正確理解音樂中各種結構元素。

在這個年齡層，特別重要的事情就是要「努力實現音樂感受與理解的平衡」。 當然，在學生到達青春期之前，

34　威廉·理察·華格納（Wilhelm Richard Wagner, 1813－1883），德國作曲家、劇作家，以其歌劇聞名。

老師仍然是權威，所以還沒有機會以這種方式工作。在青春期之後，老師的權威不再重要，但是老師在音樂判斷上的分量就很重要。在青春期之前，對或錯與老師認為對或錯，是同時發生的。青春期後則必須提出理由——也要是音樂的理由。因此，如果在這個年齡層有機會繼續上音樂課，深入了解自己在音樂判斷的動機就會非常重要。如果我們願意，這個主題可以談論一整個晚上。

Q：如果已經知道答案，問孩子這個問題，是不誠實嗎？

A：這個問題的背後有一些非常有趣的東西。通常，如果我問一個問題，是因為我想為自己不知道的事情找出答案。如果我現在問一個孩子（我已經事先知道答案），就是說謊。然而，在教學中，總是要考慮到某些無法估量的事情，有時候搞清楚這一點是必要的。

為了做到這一點，我經常會使用以下的例子：作為老師，如果想用宗教的、想像的方式來談論「不朽」的問題，可以選擇下面的程序，並對自己說：「既然孩子還不能理解概念性的想法，我將使用圖像來傳達靈魂不朽的概念。」作為老師，我是知道答案的，而我的學生不知道。

第五講
運用心像能力，看見 7～14 歲孩子的細緻轉變

透過我的知識，我會為他們畫一幅畫，並且說：「看看這個繭。當時機成熟時，它就會打開，一隻美麗的蝴蝶就會飛出來。當人死後，不朽的靈魂也會從身體中飛出來，就像蝴蝶從繭中飛出來。」這是處理這個主題的一種方式。好，但如果是接下來所說的態度，可能就會發現老師所選擇的圖像，根本不會讓孩子留下深刻的印象——因為雖然這個老師別出心裁，但不相信這個圖像的真實性，而只是為了向「不知情」的孩子說明這個不朽的問題。

但也有另一種可能——老師相信這個圖像的真實性。那麼他的態度可能會是：「儘管我的知識和智慧是有限的，但我意識到在這世界上，有哪些事是真實的，且我相信這個圖像是真實的。我知道它不是我發明的，但它是透過受命於世界的力量，而被置於世界上。不朽的人類心魂離開身體時所發生的事情，透過從繭中爬出的蝴蝶，以較低層次卻是感官感知的形式體現，而我也相信這樣的啟示。」

要注意的區別是：如果教師相信用來描述的圖像以及詞語是真實的，就能傳達他們的內在態度給學生。這可以找到無數的例子。因此，同樣的，在剛剛提出的有趣問題中，有不可估量的東西在發揮作用。作為老師，有以下的

看法並不重要:「我知道我的課程,但孩子不知道;現在我要問出我的問題,並假裝我想聽到某些我不知道的答案。」畢竟,這確實有很大的不同,我問孩子一個問題,例如有關於扎伯恩戰役(Battle of Zabern)[35]的問題,我知道答案,但孩子不知道;或是我知道答案,而孩子也知道。不真實的地方在於,我問了一些我已經知道的事情。但我也可以有不同的態度——也就是說,我想知道孩子會如何回答這個問題。我可能會用我的問題,來找出孩子對於某個特點的感受與想法。在這種情況下,我不會事先知道孩子會說出什麼,孩子的回答可能會有許多細微差異。

讓我們假設老師的理想態度(這是我在講座中經常強調的一點),也就是:即使是最聰明的人,都無法超越小嬰兒的學習能力。因為無論一個人的科學知識進步到什麼程度,嬰兒的哭聲仍然可以讓人學到很多東西。如果這是理想情況,孩子回答每個問題的方式,將有助於教師學習如何教學。**如果教師提出問題,並不意味著他們想從學生那裡聽到已經知道的東西,而是想從孩子回答的方式中學習。**然後教師也會適當表述自己的問題,例如可能會提出

---

35 編注:1913年發生於德意志帝國的政策危機。

第五講
運用心像能力,看見 7 ～ 14 歲孩子的細緻轉變

這樣的問題：「這對你來說意味著什麼？」甚至說話的語氣，也可能會表達出老師對孩子將如何回答感到好奇。

事實上，這個情況很大程度取決於「會影響到老師與孩子之間所發生的事件」中，難以估量的因素。如果能知道孩子潛意識中所發生的事情，就能發現許多其他事情。老師不誠實的這個問題，也屬於該主題——也就是說，當老師站在課堂前，用書本和筆記來教學時，我們會發現什麼。這對教師來說當然很方便，但是這樣的便利性，在實際教學上會產生非常具有破壞性的影響。這是因為，孩子的潛意識會不斷形成判斷：「我們為什麼要去學習連老師都不知道的事物？」「為什麼我們要知道他們根據書本所唸出的內容？」比起老師提問，在教室中，這樣的做法才是更虛假的。就連口頭教授時，教師也應避免使用書本。**如果人們能意識到孩子之中發生的事情，且如果孩子能感受到老師真的對學生感到好奇，而不是假意的提問，整個情況就會完全不同。也因此，老師就可以安全的提出問題，而不用擔心會將虛假的元素帶入課堂之中。**

第六講

教育工作者，會親自
將道德與社會教育帶給學生

（1923 年 4 月 20 日）

　　當我們考量成長中的孩子與周圍環境的關係時，就會提出道德與社會教育的問題。我們今天將探討這兩個議題——由於時間很短，所以將會是簡短且粗淺的。再一次，問題的核心是要知道「如何才能適應成長中孩子的個別性」。同時，你必須記住，**作為教師和教育工作者，你就是社會環境的一部分，而你會親自將社會環境與其道德態度帶給成長中的學生。**再一次，我們必須形成教育學原則與方法，這樣它們才能提供「能接觸孩子真實本質」的每一個機會——人們必須根據過去幾天在這裡所簡要呈現的內容，以學習了解孩子的真實本質。如同往常，在很大程度上，這取決於如何將我們所知，帶給不同年齡與階段的學生。

人類如何學會這三種美德：愛、感恩、責任

在這裡，我們需要考慮三種人類美德——一方面是關於兒童自身的發展，而另一方面則是與一般社會有關的事物。這三種基本美德：第一個，是關於可以活在「感恩意志」中的所有事物；第二個，是可以活在「愛之意志」中的所有事物；第三個，是可以活在「責任意志」中的所有事物。從根本上來說，這些是人的三種主要美德，並在一定程度上涵蓋了所有其他的美德。

一般來說，人們對這個美德的覺察很少——在這裡我想說的是感恩或感謝。然而，**為了在人類心魂中發揮應有的作用，感恩這個美德必須與孩子一起成長。**當成長的力量（在孩子身上以向內的方向發揮作用）最活躍的時候，當它們處於形塑活動的巔峰時，感恩之心必定已經流注於人類之中。感恩必須從我所描述的身體宗教關係之中發展而出，是孩子從出生到換牙時的主要特徵。然而與此同時，在生命的第一個時期，只要孩子得到適當的對待，感恩之情就會非常自發的發展出來。一切都會流淌著虔誠與愛，從孩子的內心流向那些經由父母或其他教育者而來的外部世界（以及在孩子模仿時，向外表達出來的每一件事），都會被自然的感激情緒所滲透。我們只需要以值得孩子感激的方式行動，它就會流向我們，尤其是在生命的第一階段。然後，這種感恩之情會藉由

「流入到成長的力量」中，而能進一步發展、使四肢生長，甚至轉變為血液與其他體液的化學組成。這種感恩之情存在於肉體中，而且必須居住在其中，否則它就無法被夠深的錨定。

不斷提醒孩子要感謝周圍環境的一切，是非常不正確的。相反的，**只要透過親眼目睹長輩在接受同胞無償給予的東西時，所感受到的感恩之情，以及他們如何表達，感恩的氛圍就會自然的在孩子身上培養起來。**在這種情況下，人們也可以透過讓孩子模仿周圍的行動，來培養感恩感受的習慣。如果孩子非常自然的說：「謝謝。」（不是回應他人的敦促，而僅僅透過模仿）就已經做了對孩子一生有益的事情。由此，孩子就會發展出對整個世界全然的感恩。

培養這種對於世界的普遍感恩，是至高無上的重要。在人類意識中，它並不總是需要，可能只是存在生活感受的背景之中，就這樣，在忙碌的一天結束時，人們就可以體驗到感恩之情——例如當進入一片美麗且開滿鮮花的草地時。每當我們看向大自然時，這種潛意識的感恩之情就會在我們之中升起。每天早晨，當太陽升起時、當看到任何自然現象時，可能都會感覺得到。而只有我們在孩子面前表現得當時，他們才會對周圍的人、他們說話或微笑的方式，或這些人對待他們的方式所帶來的一切，產生相應的感激之情。

第六講
教育工作者，會親自將道德與社會教育帶給學生

真正的宗教態度基礎，就是這種普遍的感恩之情。因為人們並不是經常發覺這種普遍的感恩之情，假如它在生命的第一個階段填滿整個人，就會產生更進一步的東西。在人類生活中，只要有適當條件出現，愛就會流入一切事物以促進其發展。只有在換牙和青春期之間這個生命的第二階段，才有可能獲得更強烈的愛之體驗，且會觸及到身體層次。但那最初的溫柔之愛，是如此深刻的體現在孩子內心深處，還沒有向外作用——透過感恩的發展，這溫柔的花朵將能牢固的扎根。愛，源自於孩子在生命第一階段的感恩經歷，是神的愛。**人們應該要了解，就像植物的根在掘進泥土之後才能開花，我們也要把感恩種在孩子的心魂裡，因為它是神之愛的根。**神之愛會從普遍的感恩中發展出來，就像花朵從根部成長。

　　我們應該關注這些事情，因為在抽象概念中，我們通常會非常清楚它們應該如何。然而，在現實生活的情況下，這些事情往往變得非常不同。從理論上來講，人應該把神之愛帶入自身之中，說起來是很容易，也再正確不過了。但是這種抽象要求的特點，在於通常無法真正實踐。

　　我想回溯過去這幾天曾經說過的話。要用以下方式來思考爐子的功能，是很容易的：你是一個爐子，我們必須把你放在這裡，因為我們想讓房間溫暖起來。你的絕對命令——真正、絕對

的「火爐規定」告訴你，有義務要烘暖房間。我們非常清楚，這件事本身不會改變房間的溫度。但我們也可以省下講道理，只是簡單的點燃爐子、用合適的木頭加熱。不用去提醒那些對爐子的絕對命令，它就會散發出溫暖。這就是在童年的不同階段，我們在正確的時間為孩子帶來正確的東西時的情況。如果在人生的第一個階段，我們在孩子的周圍營造出一種感恩的氛圍，如果我們做一些我將在後面會談到的其他事情，那麼，這種出自於對世界、整個宇宙，還有對存在於這個世界的一切內在感激之情（就是能鼓舞所有人的事），以及最根深柢固且溫暖的虔誠，便會增長。不是活在人們嘴上以及思想上的虔誠，而是能滲透整個人的虔誠，那就是正直、誠實與真實。至於感恩，它必須成長；但這只能在出生到換牙的這段時間裡，當它從孩子柔軟而稚嫩的生命發展出來的時候，才能符合心魂和靈性品質所需要的強度。然後這種感恩將成為神之愛的根，也是它的基礎。

　　知道這一切將使我們意識到，當我們迎接要上一年級的孩子時，也要考慮他們在上小學之前過著什麼樣的生活。**應該與孩子的父母有直接且真實的連繫——也就是說，要了解孩子在入學之前發生了哪些事件**。這種連繫應該要持續下去，因為教師應該對「眼前的孩子是如何受到社會條件與環境影響而成長」有相當清晰的畫面。在學校裡，障礙可以被糾正，而老師會發現這樣的機

第六講
教育工作者，會親自將道德與社會教育帶給學生

會很多。然而，為了做到這一點，透過與父母聯繫以了解孩子的家庭背景，是絕對必要的。**教師有必要透過簡單的觀察以及模仿家中母親，來觀察孩子身上的某些特徵是如何發展出來的。**當孩子準備好上學的時候，能意識到這一點非常重要。這與老師在課堂上所做的是一樣的，都是教學的一部分。如果人們想要建立有效且有適當基礎的教育，必定不能忽視這些事情。

在生命的第二階段，看見對自然與對人類同伴的愛，如何從孩子身上甦醒

在孩子換牙與青春期到來之間的那幾年裡，我們已經看到，老師發展出權威感是必要且自然的。第二個基本美德是愛，而孩子也在發展愛的身體基礎過程中成長。但是人們必須在愛的真實光芒中看見它，因為我們這個時代盛行唯物主義態度，愛的概念變得非常片面與狹隘，加上唯物主義傾向於只從性愛的角度來看待愛，通常將愛的所有表現都追溯到隱藏的性慾中。前天的講座中，在我稱之為「平庸的平方」的例子裡，我們會發現，即使不是所有情況，但許多心理學家都將人類的特徵追溯到性的起源——即使它們與性無關。為了平衡這種態度，老師至少必須對

普遍的愛之本質，有一定程度的認識。因為在孩子換牙與青春期之間開始發展的，不僅僅是與性有關的愛，也是意義最完整的愛，是對世上一切事物的愛。在生命的這個時間點所發展的愛之中，性愛只是其中一個面向。**在那個年齡裡，人們可以看到對自然的愛與對人類同伴的愛，是如何從孩子身上甦醒，而老師必須對「性愛只代表一種面向、只是愛的生命之書的一章」有強烈的觀點。**如果人們能意識到這一點，將會知道要如何將性愛分配到生活中的適當位置。今日，對許多以理論之眼來看待生活的人來說，性愛已經成為如同會吞噬自己後代的火神摩洛克（Moloch）[36]，因此，若這樣的觀點為真，性愛將會吞噬其他愛的形式。

　　在人類心魂中，愛與感恩有不一樣的發展方式。感恩會隨著人的成長而成長，而這就是為什麼，要在孩子成長力量最強大的時候種下感恩。另一方面，愛必須覺醒。愛的發展確實類似於覺醒的過程，且就像覺醒一樣，必須以心魂的領域為主。愛逐漸出現就是一種緩慢的覺醒，會一直達到這個過程的最後階段。觀察一個人在早上醒來時會發生什麼事：起初是朦朧意識到一種模糊的概念；也許最初會開始感覺到騷動；眼皮慢慢從闔眼中掙扎釋

36　編注：古腓尼基人所信奉的火神。

第六講
教育工作者，會親自將道德與社會教育帶給學生

放；漸漸的，外在世界會幫助人覺醒；而最後，這覺醒進入肉體的時刻就來臨了。

愛的覺醒也是如此，只是這個過程在孩子身上，大約需要7年的時間。起初，愛的騷動始於對學校早期所教導的事物能引起同感的時候。如果開始用我所描述的那種圖像來接近孩子，就可以看到愛是如何特別的與這項活動相遇。一切事物都被愛浸透了。在這個階段，愛具有深邃、心魂般的溫柔特質。如果將愛比擬為每天醒來的過程，人仍然是深深沉睡著，或者至少是處於睡夢的狀態中（在這裡，我指的是孩子的狀況，當然老師不能在夢中——儘管這似乎太常發生！）。然後，這個情況會產生更強烈的震盪，以進入清醒的狀態。而我在昨天和前一天所描述，關於9歲和10歲（尤其是即將滿12歲）時對自然的熱愛，便在孩子當中覺醒了。只有這樣，我們才會看到愛真正出現。

在這個階段之前，孩子與自然的關係是完全不同的。在這個時期，孩子非常喜愛自然童話世界的一切，這種愛必須透過創造性與圖像的方式來滋養。對自然現實的熱愛，後來才會覺醒。在這一點，我們面臨著特別艱鉅的任務。在這個生命時期中與課程有關的一切（因果關係、對無生命物質的研究、對歷史相互關聯的理解、物理和化學的開端），老師必須要在介紹時引入優雅的元素——我不是在開玩笑，而是非常認真的說。例如，在幾何或物理課上，

教師必須讓真正的優雅進入教學之中。**所有課程都應該充滿親切的氣氛，最重要的是，絕不能讓課程變得酸澀。** 從11歲6個月或11歲9個月，到14歲或15歲的這段時間裡，這些學科經常會變得難以消化與酸澀，而讓學生遭受巨大的痛苦。在光之折射和反射，或測量球面穹頂的表面積這些學生必須學習的知識上，常常不是優雅的講述，而是帶著酸澀的氛圍。

讓幽默感自然而然成為課程的一部分

老師必須記住，在生命中的這個時刻，課堂中有著某種「心魂呼吸」（soul-breathing）的需求，它會以非常奇怪的方式與學生交流——必須允許心魂呼吸。普通呼吸包含吸氣與呼氣。大多數情況下，或者至少在多數情況下，老師在物理與幾何的課堂上，只帶著他們的心魂呼氣出去。他們不吸氣，而呼氣就是產生這種酸的原因。我指的是，用沉悶且單調的描述來表示心魂呼出[37]，它為所有內容注入比率龐大的嚴肅性。嚴肅有它的位置，但不必誇大。

37　譯注：二氧化碳的碳酸。

第六講
教育工作者，會親自將道德與社會教育帶給學生

另一方面，心魂呼吸會帶來一種與生俱來的幽默感，這種幽默感無論是在課堂內外，或是在老師與學生聚一起的時候，都會隨時準備好閃耀。散發幽默的唯一障礙就在教師身上。不論何種科目，孩子都不會阻擋幽默出現，但在這個特定的年齡層，得要在幽默上處理得恰到好處。如果教師可以在課程中感到自在，講課時完全不必仔細思考如何呈現課程內容，他們可能就會發現自己處在某種境界——就連教光反射，也可以拿來開玩笑，或者是計算球缺（spherical skullcap）的表面積時，也可以帶著迷人的微笑。當然，**笑話不應該在事先就計畫好，也不應該強加在課堂情境中**。一切都應該染上自發性的幽默感，這是原本就包含在教學內容中的，而不是人為嫁接上去的。事情的核心在於：必須在事物自身中找到幽默，最重要的是，甚至不必去尋找它。最好的情況是，適當準備課程的教師需要帶入一定的秩序與紀律，他們在教學時就會想到幽默之處，因為如果一個人的準備是充分的，就會出現這樣的情況。然而，如果老師沒有充分準備課程，就可能發生相反的情況——因為老師仍然需要與課程內容搏鬥，會感受到失去了點子。這就會破壞心魂的健康呼氣，並將它所需要、充滿幽默感的空氣拒之於外。這些是老師在教這個特定年齡層的孩子時，必須記住的重點。

當教學能順其自然，就會發生愛的覺醒，所以學生的心魂與

靈性在醒覺的最後階段之中，將會適當的整合進人類組織——也就是青春期來臨的時候。孩子的心魂第一次如此溫柔發展，然後在更強而有力的方式下，最終就可以用正確且適當的方式掌握身體本質。

發展愛的過程中，教師是孩子最親密的盟友

現在你可能會想知道，教師必須做什麼，才能完成我所描述的任務。在這裡，必須考慮一些我想稱之為教師職業的「社會面向」的東西，而太少人知道這些事情的重要性。我們經常聽到某個時代中（但不是古代）有與教師專業相關的形象，而教師通常沒有得到應有的尊重和榮譽。只有當社會在看待教師時，能給予如同他們使命應得的尊重；只有當社會認識到，教師站在能為我們文明帶來新動力的最前線——而不僅僅存在政治台上講者的嘴中——只有這樣，教師才會得到他們在道德上所需要的支持，以執行他們的工作。這樣的態度——或者更好的是，這種情感——將能為「獲得更廣泛且更全面的人生觀」鋪好道路。這正是老師需要的，他們還需要完全融入生活。他們需要的不僅僅是教育原則與方法方面的適當資格，也不僅只是針對他們在各項學科的特

第六講
教育工作者，會親自將道德與社會教育帶給學生

殊培訓上；**最重要的是，所有教師都需要一種能不斷自我更新的東西——某種透過他們的心魂，以活生生的方式脈動的生命觀。**他們需要的是對生命本身的深刻理解；他們所需要的，遠遠超過站在班級面前時，從嘴巴所說出的話。這一切都必須流入教師的培養中。嚴格來說，教育問題應該是社會問題的一部分，不僅包括了學校的實際教學，還包括教師團隊的內在發展。

同時，應當要了解，這裡所提出的當代教育之目標與期望，絕對不是反叛或革命。如果相信這是反叛或革命，將會是極大的誤解。這裡所提倡的，可以引入當前的情況中，不需要任何激進的改變。然而，人們很想補充：「就是教育的社會面向，直指許多與生活相關的問題。」所以，我想提一點，不是因為我想煽惑以反對現狀，而只是用語言來說明——這是在未來總會發生的事情。然而，這在我們這個時代不會發生，所以請不要把我說的，視為激進或革命。

如你所知，今日的慣例是授予那些從根本上來說，還沒有在學科上有任何實踐經驗的人博士學位（無論是化學、地理還是地質學）。然而，證明他們知識與能力的證書，肯定要包括能將他們專業知識傳授給其他博士候選人、以及教授他人的能力[38]。因

38　英文譯注：博士的英文doctor，源自拉丁文docere，有「教導」之意。

此，當博士候選人還沒有通過「教導以及培訓那些希望從事相同職業他人」的實際考驗前，不應該真正授予博士學位。你可以在流行的說法中，看到這基於本能知識的巨大智慧；因為，用白話來說，只有能夠治癒他人、能夠提供具體治癒能力證明的人，才能被稱之為「doctor」（醫生）[39]。在這種情況下，「doctor」所指的是從事實際治療的人，而不僅僅是獲得了專業醫學知識的人——無論他獲得的知識有多麼全面。

從最初的單一概念中，逐漸產生了兩個概念——教育的概念以及治療的概念。在更久遠之前的時代，會認為教學或教育也包括了治療，教育過程被認為是治療的同義詞。因為人們認為，人有太多身體遺傳標記（痕跡），而教育被視為一種治療形式——正如我在前面講座說過的那樣。用過去的術語來說，人們甚至可以說：教學被認為是治癒原罪影響的一種方式[40]。從這個角度來看，儘管在不同的生活領域，但由醫生啟動的療癒過程，基本上與教學過程相同。用更廣泛的角度來看，老師和醫生一樣是治療者。因此，「doctor」這個頭銜在公眾眼中的分量，通常取決於普遍意識，也就是：只有那些通過實踐經驗測驗的人，才能獲得

39　編注：在英文中，不論博士或醫生，都是「doctor」。
40　請參考第76頁注解。

第六講
教育工作者，會親自將道德與社會教育帶給學生

這個學位的榮譽，否則便只是個標籤。

然而，正如我說過的，這絕不能被誤解為煽動者對現今的要求。如果不是在教育背景下，我甚至不會提到它。我太清楚那種「在我們這個時代，很可能會被聽取的主張」，而無可避免的，這些主張給人的印象就是：試圖去碰撞一扇關上的門。如果一個人想在生活中有所成就，就必須放棄抽象的目標或遙遠的理想——那些試圖實現的目標，會扭斷一個人的脖子或挫傷一個人的額頭。人必須總是試著保持與現實的連結，然後人們也有理由，用某些東西來說明我們這個時代的某些需要，即使可能只能在未來實現——我已經說過，在很長的一段時間內是不會實現的。不過，它可以幫助我們理解教師職業在社會領域之中的尊嚴。我之所以提到這些，是因為「應該要以適當的角度來看待這個問題」似乎很重要。**如果教師能感受到整個社會的精神支持，在年輕人之中逐漸覺醒的愛，將會成為他們自然權威感的親密盟友**——這必須在學校中盛行。這樣的事情，有時候會從最意想不到的地方開始。

正如神的愛植根於感恩，如前所述，真正的道德推動力則源自於愛。因為除了「對人的愛」之外，沒有其他東西可以成為真正的道德美德基礎。這種愛不允許我們因為不再關注他人的生命（這在今日很容易發生），而不願意費心去了解人類同胞。**對所有**

人的普遍之愛，是在理解人之後而四處伸出援手的愛。在換牙與青春期之間喚醒了孩子的愛，就像在出生和失去第一顆牙齒之間長出了感激之情一樣。在學校，我們必須竭盡全力來喚醒愛。

老師所展現的姿態，對孩子來說都是有意義的

人生的第一個階段（從出生到換牙），兒童如何受到在周圍發生的事情影響？他們看到人們參與的所有活動，但孩子接收的並不是自身之中的實際成就，因為他們還沒有發展出能有意識感知這些成就的能力。他們所感知的，是有意義的姿態。在這個生命的最初階段，我們關心的，只有從孩子的角度如何理解他們模仿、有意義的姿態。從對這些有意義姿態的感知中，就會開始發展感激，並由感激之情引發行動的意願。

在隨後幾年中（換牙到青春期之間），孩子也無法感知發生在環境之中的活動——尤其是這個時期的早期階段。他們所感知的（在他們周圍之人的各種行動中），不再是有意義姿態所代表的整體概念。相反的，事件會開始對孩子說話，變成有意義的語言。**不只是實際說出的話，在這個特定的時間裡，每一個身體動作與每一項活動，都會直接對孩子說話。**因此，老師在黑板上寫下這樣

第六講
教育工作者，會親自將道德與社會教育帶給學生

的字：

Leaf

或者用這樣的方式寫同一個字：

Leaf

不論老師是這樣寫下7這個數字：

7

或者是像這樣：

7

　　無論是用藝術的、不那麼精緻的方式，或甚至是以潦草的方式書寫，都會有很大的不同。最重要的是，這些書寫方式會如何

影響孩子的生命。不管「Leaf」（葉子）這個字是用第一種或第二種方式寫下（請見前一頁圖式），對孩子來說都是有意義的語言。不管老師是堂堂正正的進入課堂，還是老師穿得引人注目，都是在直接對孩子表達。同樣的，對於課堂情況，老師是否總是完全清醒——透過老師在課堂上處理各種物品的方式，體現在孩子的眼中——或者是，在冬天，是否會發生老師將黑板擦拭布誤認是圍巾，而將之圍在脖子上後心不在焉的走開，這些對孩子來說都很重要。**對孩子起作用的不是外在的行動，而是這些行為背後，無論是令人感到不愉快與醜陋，或者是迷人與愉快的東西。**

在這種情況下，教師的某種個人習慣甚至會在課堂上產生一種友好的氣氛——即使它本身會顯得很滑稽。例如，在我13歲到18歲時，有位老師（我一直認為他是我最好的老師）開始上課前，都會先輕輕擤鼻涕。如果他沒有這樣做就開始上課，我們會非常想念那個動作。我並不是說他完全意識到這對學生產生的影響，但人們真的要開始思考，在這種情況下，期望這樣的人克服根深柢固的習慣是否正確。但這是完全不同的問題，我提到這個插曲只是為了讓說明更生動。

關鍵是，在這個生命階段，老師在孩子面前所做的一切，對他們來說構成了有意義的語言。老師實際說出的話語只是其中一部分。在情感生活的深處，還有許多其他無意識的因素也在發揮

第六講
教育工作者，會親自將道德與社會教育帶給學生

作用。例如，老師在課堂上是否要對某位學生示好，或者老師是否能以自然和有尊嚴的方式行事，孩子都能輕易的感知（這永遠不會到達意識領域）。對孩子來說，這全都非常重要。此外，如同我們之前提到過的，老師是否充分準備好去介紹自己的課程，所以無須使用印刷或書面筆記，對學生來說有極大的不同。沒有覺察到這些，孩子會自問：「為什麼我必須知道老師所不知道的事？畢竟，我也只是人。老師已經是成人了，而我只是個孩子。為什麼我必須如此努力，學習那些連他們都不知道的東西？」

這是會深深折磨孩子潛意識的東西，一旦固定在那裡，就無法糾正。它證實了在這個年齡層，師生之間敏感而自然的關係只有在教師完全掌握科目時，才能產生（請原諒這種相當迂腐的言論，但在這種情況下無可避免）。這必須在他們之中「滑潤」的存在著——如果我可以使用這個表達方式的話——而不該是糟糕與粗糙的上油[41]。在這裡，我用「滑潤的齒輪」來表達運轉順暢之意。然後，教師將能完全掌握住課堂情況，並能採取相應的行動。這樣做，將確保學生永遠不會出現肆無忌憚的氛圍。

讓10歲、11歲或12歲的孩子發生這樣的情況，真的是最糟

41　英文譯注：在德文中，「書面非常不整潔」通常被稱為「Geschmier」，也就是「頁面上的汙點」之意。德語動詞「schmieren」也有潤滑的意思。

糕的事情之一。我們必須時時刻刻注意覺察，無論我們對學生說什麼（即使我們試圖要幽默），也不該招致孩子輕佻或粗野的答覆。舉一個例子，看看以下的情況：老師可能會對由於缺乏努力和注意力，而突然陷入困境的學生說：「這裡有一隻牛被山擋住了（超出某人的理解能力了）。」學生反駁說：「老師，我不是一座山（你才是隻大笨牛！）。」[42] 絕對不能發生這種事情。如果老師準備好自己的課程，理所當然的，孩子心中就會產生尊重的態度。如果產生了尊重，那麼就不會出現如此無禮的回答——當然，它可能是更溫和、不那麼具有破壞性的那種。我提到這件事，只是為了說明我的觀點。這種無禮的言論不僅會破壞課堂上的運作氣氛，而且很容易就會感染到其他學生身上，從而破壞了整個班級。

直到青春期開始，
透過飽滿的內在意識發展對工作的熱愛

42　英文譯注：德語中的「Wie der Ochs Corm Berg stehen.」照字面意思來翻是「站在那兒，像一頭面著山的公牛」，這是非常常用的說法，代表著「完全超出一個人能理解的深度」，或是「不知所措」。

第六講
教育工作者，會親自將道德與社會教育帶給學生

只有當從第二個生命週期，過渡到第三個生命週期時，青年男女（在現代，我該怎麼稱呼他們？）才有可能觀察發生在周圍的活動。在過去，被感知到的是有意義的姿態，接著才是圍繞在孩子身邊的事件傳達出的有意義之語言。直到現在，青少年才有可能開始觀察其他人在環境中所做的活動。我也說過，透過感知有意義的姿態、透過體驗感恩，才會發展出神之愛；透過來自周圍環境的有意義的語言，會發展出對人的一切事物的愛，並成為個人道德感的基礎。如果現在青少年能夠適當的觀察他人的活動，就會發展出對工作的熱愛。儘管必須允許感恩成長、必須喚醒愛，但現在需要發展的東西，必須隨著年輕人飽滿的內在意識而出現。**我們必須讓年輕人在青春期之後，以飽滿的內在意識進入這個新的發展階段，以便青少年能以某種方式找到自我，然後就會發展出對工作的熱愛。**這種對工作的熱愛，必須在已經獲得力量的基礎上自由成長。這是對工作的熱愛，也是對自己所做的事情的熱愛。將理解他人活動，當成一種互補的圖像而覺醒的那一刻，必定會升起一種對工作的熱愛的意識態度，一種對「實行」的熱愛必定會升起。如此一來，在這個過渡階段，孩子早年的遊戲就會轉化為正確的工作觀，而這就是當今社會必須追求的目標。

THE CHILD'S CHANGING
CONSCIOUSNESS

教師的任務，就是為孩子提供自我教育的環境

在這一切中，教師與教育工作者必須扮演什麼樣的角色？這是他們職業生涯中，最困難的事情之一。在孩子的第一和第二個人生階段，老師能為孩子所做、最好的事情就是「協助那些隨著青春期開始，會甦醒的東西」。當教師一次又一次見證孩子的個別性是如何逐漸顯現時，對他們來說是永恆的驚喜，他必定會意識到自己僅是一個工具。如果沒有擁有被這種認識激發出的態度，就很難成為適當的老師。**因為在課堂上，我們面對著最多元類型的個體，千萬不要站在教室裡並帶著「所有學生都應該成為某人的複製品」的感受。**這種感受絕不能出現，為什麼呢？因為很有可能發生的情況是，如果足夠幸運，學生中可能會有三、四個嶄露頭角的天才，他們會與那些遲鈍的人很不相同。關於他們，我們稍後會多談一些。你肯定會承認，教學時不可能只選擇天才；而可以肯定的是，儘管教師並不是天才，但他們的某些學生，卻會在往後生活中展現出天賦。然而，教師不僅要以自身能力來教育學生，還要能教育那些具有非凡才華，且未來會青出於藍的學生。

然而，唯有老師擺脫了「希望讓學生成為另一個我們」的習慣，才能做到這一點。如果能下定決心，盡可能無私的站在學校

第六講
教育工作者，會親自將道德與社會教育帶給學生

裡，不僅要抹去自己的同感和反感還有個人野心，只為了將自己的一切奉獻給每一位學子，才適合教育潛在的天才以及平凡的學生。只有這樣的態度才能使人認識到，所有教育，從根本上來說都是自我的教育。

本質上，除了自我的教育，沒有其他教育——無論是何種層次的教育。這在人智學中已經獲得充分的認可——透過靈性調查重複的地球生命，而得出的有意識之知識。**每種教育都是自我教育，作為老師，我們只能為孩子的自我教育提供環境。**我們必須提供最有利的條件，而透過我們協助，孩子可以根據自己的命運教育自己。

這是教師在面對孩子時應該有的態度，而這樣的態度，只有透過對這個事實不斷增長的覺察，才能發展起來。對一般人來說，禱告可能有很多種。除此之外，老師有個特別的祈禱：

「親愛的神，請讓我否定自己（就我個人的野心而言）。基督在我身上實現了保羅的話：『不是我，乃我裡面的基督。』」

這通常是對神所做的祈禱，特別是對基督說的，請繼續說：
「……好讓聖靈能統領教師的內在。」

這才是真正的三位一體。

如果可以在靠近學生的同時，也活在這樣想法中，那麼這種教育所期望的結果，也可以成為一種社會行動。但其他事項也發揮了作用，而我只能簡單提及：只要考慮一下，在許多人看來，為了改善今天的社會秩序，必須做哪些事情——人們期望透過外部措施，來獲得更好的條件。然而，只需看看蘇聯正在進行的可怕實驗。在那裡，整個世界的幸福都是透過外部計畫的啟動來尋求的。人們相信，改善社會領域取決於典章制度的建立，但這些是社會發展中最不重要的因素。你可以建立任何你喜歡的典章制度，無論是君主制還是共和制，民主或社會主義；決定性的因素，永遠是那些在其中生活與工作的人們。**對於那些能傳播社會影響的人來說，有兩件重要事情是——對他們正在做的事要有奉獻的愛，並且對別人正在做的事情要有興趣去理解。**

教師必須理解：
當我們站在孩子身邊，意味著什麼

想想這兩種特質可以產生什麼——至少人們可以再次在社會領域中一起工作。但這必須成為長期的傳統，只要你只是在外部工作，就不會產生任何實際的結果。你必須從人類本質的深處帶

第六講
教育工作者，會親自將道德與社會教育帶給學生

出這兩種特質。如果想透過外部手段引入變化，即使是建立在最良好的意圖上，你也會發現人們做出的回應不像預期般那樣。而且，相反的，你可能會無法理解他們的行動。典章制度是個人努力的結果，到處都可以看到。它們或多或少，由發起者身上的兩種特質所創造出來，也就是：對於他們正在做的事情的熱愛，以及對理解他人正在做的事情的興趣。

當睜大眼睛看待我們這個時代的社會騷動時，人們會發現最奇怪的想法出現了，尤其是在社會領域，而這只是因為，目前的情況並沒有被正確的理解。讓我舉個例子：

今天，所謂馬克思主義（Marxism）關於人類勞動及其與社會階級關係的信息，已經傳到了成千上萬人的頭腦中[43]。如果調查一下該作者聲稱已經發現的東西——這個東西已經灌輸進數百萬人的腦袋，並將其視為自己的社會主義福音，且用來作為政治鼓動的手段——你會發現這一切都奠基於有關社會現實態度的根本錯誤。馬克思的思想，將工作價值建立在人類履行工作時所花費的能量上[44]。這是完全荒謬的，因為從能量輸出的角度來看，人

43　請參考馬克思的著作《資本論》（ *Das Kapital (Capital), Vol. I*, Hamburg, 1867）。

44　卡爾・馬克思（Karl Heinrich Marx, 1818－1883），德國政治哲學家，與弗里德里希・恩格斯（Friedrich Engels, 1820－1895）合著《共產主義宣言》（ *The Communist Manifesto*, 1848）。

們在給定時間內所能砍掉的薪柴數量，是沒有區別的，或者是（如果有能力避免這種粗活），人是否會花費相同的精力和時間，來踩踏專門用於治療早期肥胖症的腳踏車踏板。根據馬克思的推算，人在這兩種體力活動上消耗的能量相同。但砍柴在社會秩序中有其應有的地位。另一方面，踩著瘦身自行車踏板，並沒有任何社會用途，只會對做這件事的人產生衛生的效果。然而，馬克思衡量工作價值的標準，包含計算完成工作所需的食物消耗量。這種在國民經濟背景下評估勞動力價值的方式，簡直是荒謬的。然而，為了這個目的進行了各種計算，卻忽略了一個因素的重要性，那就是：對人們正在做的事情的愛的奉獻，以及理解他人正在做的事情的興趣。

與年輕人在一起時，我們必須做到的是：透過自己的行為引導，以及充分意識到這兩件事（對人們正在做的事情的愛的奉獻，以及理解他人正在做的事情的興趣）對社會的影響，它們便會進到青少年的心中。要做到這一點，我們必須要意識到，站在孩子身邊意味著什麼，這樣就可以幫助他們自我教育。

第六講
教育工作者，會親自將道德與社會教育帶給學生

第七講

教育不能僅憑著熱情，
重要的是孩子能適應周遭環境

（1923年4月21日）

你可能可以想像得到，對於能擺脫狂熱或超越宗派態度的人來說，過去幾天我們所談的「以人類知識為基礎的教育」並不容易做到。你們當中的許多人已經注意到，我們所認為正確與良好的教育，與傳統教育形式中的規章制度、課程，以及其他基本政策在許多面向都不相同。在這方面，人們會發現自己陷入了兩難處境。

一方面，我們立足在源自客觀知識，所導出的堅實教學法基礎上，並且制定出每一年的具體課程與教育任務（正如你從目前聽到的內容中發現的）。我們從孩子身上獲得啟示，以確認在這種教育中，我們必須做什麼；不僅是每一年，而且是每個月、每個星

期，甚至是每一天。在這裡，我有理由對華德福學校老師表達感謝，因為他們對「真正符合現實教學法的客觀要求」做出了如此多的回應，也感謝他們能夠洞察到這種教學法，與成長中孩子之需求的關聯[45]。他們已經體認到，在這種教學法中，每一個細節都不是偶然的，每件事都直接回應到如何解釋孩子的天性，而這就呈現出導致如此兩難的其中一個面向。另一方面，則是生活本身提出的要求。對於那些儘管有自己的理想卻不盲目（不論你想怎麼稱呼那些盲目或狂熱的事情），且覺得需要扎根於現實生活的人，就會特別敏銳的體驗到另一個面向。

絕不能允許有任何程度的宗派主義或是狂熱癡迷，潛入到我們的教育事業之中；如果它們潛入了，那麼當這樣的路走到盡頭後將會發現——我們的學生會無法適應現在的生活，因為這個世上的生活，並不會注意到人們的教育理想。生活會受到當時出現且盛行的條件支配，並呈現為與教育有關的規定以及相關事宜，以合乎當代的思考方式。因此，總是存在著一種危險，也就是：我們教育孩子的方式，雖然本身是正確的，卻會使他們疏遠於世界上的生活——無論人們認為這是對還是錯。**必須永遠記得的**

45　1919年8月與9月間，魯道夫・史代納提供了第一所華德福教師三堂課程。該所學校由企業家埃米爾・莫爾特建立，提供給當時菸草工廠員工的孩子就讀。該所學校於1919年9月7日開始。

第七講
教育不能僅憑著熱情，重要的是孩子能適應周遭環境

是，我們絕不能狂熱的執行自己所選擇的教育目標，卻沒有考慮到學生是否會因此疏遠了周遭的生活。

基於客觀現實，華德福學校必須做出哪些妥協

反對人智學的人，經常將狂熱主義與宗派主義歸因於人智學運動，但你會看到情況並非如此。相反的，這兩種屬性都與人智學的本質格格不入。它們可能會出現在某些成員身上，但是人智學本身，總是致力於要完全進入生活的現實之中。正因為如此，人們才會清楚知道，在處理生活的實際面向上所遭遇的困難。自華德福學校開啟時，便必須完成某些事。我們難以為這些事情起合適的名字，但我們必須同意（也就是妥協）某些不好的或消極的東西，因為這所學校並非基於狂熱主義，而是基於客觀現實。開創華德福學校時，我們就必須制定一份備忘錄給在地的教育當局。我在裡面提出了以下幾點：在前三年，我們學校的學生將會根據他們的內在需要，盡可能分階段來接受教育；同時，會尊重其他學校普遍能達到的程度之標準。完成前三年學業後，如果有需要轉學的話，華德福學校的學生應該要能夠達到進入其他學校相應班級的必要條件。這樣的提議，對我們的老師來說，相當於

是「討好的妥協」——請原諒我使用這個詞，因為我無法用其他方式表達。理智而現實的考量下，必定會採取這樣的進程，因為人們所做的每一件事，都不可缺乏謹慎。然而，狂熱者則會有不同的反應。很自然的，當選擇這樣的政策時，就得要解決許多困難，而我們有很多老師會發現，直接朝我們的目標與理想前進更可取，因此找到這兩種相互衝突方法的出路之前，我們進行了冗長而細緻的討論。

我的備忘錄中還有一點是，在他們長到12歲之後（也就是我們的學生六年級的時候），應該能再次滿足進入其他學校相應班級的要求。我選擇這個特定的年齡是基於這樣的事實——它是一個發展時期結束的標誌，正如在之前的講座中描述過的那樣。最後，備忘錄中還提出，在他們14歲時，假如想要轉學，那麼我們的學生應該再次達到必要的學習標準。

現在回過頭看，在前三個年級中，這個計畫可說是運作良好。以當時的水準來看，已經算相當成功。我們非常努力，也處理了許多麻煩的事情，這個計畫在學生到達12歲時都還是可行的。然而，真正的困難在接下來的幾年才開始，出自於黑暗的潛意識，對於年幼孩子身上正在發生什麼事的某種知識，從遙遠的過去盤旋進現今的時代。然而，這種洞察力在今日卻變得非常模糊。當代的習慣是在孩子掉第一顆牙齒的時候送他們去上學，因

第七講
教育不能僅憑著熱情，重要的是孩子能適應周遭環境

此如今人們幾乎沒有意識到這兩件事是相關聯的。儘管如此，在大約6歲時才入學，仍是古代智慧的結果，而且代代相傳了下來，並在今日只剩下朦朧的概念與本能。然而，人們已經不再了解這些事情，並且有武斷的將入學年齡設在滿6歲的趨勢，但是這個年齡有點過早，且不符合孩子的天性。但我們對此無能為力，因為如果父母沒有在孩子滿6歲時送他去上學，警察、法警或其他人等等，就會來把孩子帶去學校。

如同之前所提到的，在第一年到第三年時使用這種妥協方案是相對容易的。不可否認的是，如果在這段時間裡，有學生因為某種情況而不得不離開華德福學校到另一所學校，通常就會被告知，該名學生在閱讀與寫作方面有落後的情況。在藝術科目上（例如繪畫或優律思美），他們可能會被認為遙遙領先，但卻被告知這些科目通常被認為並不重要。

然而，這樣的官方判斷，甚至可以視為是對華德福方法的肯定！這件事促使我講述一些關於歌德在年幼時的有趣故事。如果看歌德的拼寫（儘管他已經超過7、8歲很多了），你仍會發現他的拼寫滿滿都是嚴重的錯誤。從這件事情上很容易推斷出，今日的社會對8歲孩子的期望要高出許多（如果「許多」是正確的用詞），遠超過歌德在17歲時所達到的成就（當然，僅在拼寫上）。這個明確的論證，還能用另一種方式來證明，那就是：即使在17歲時，

歌德依然會拼錯，但他依舊有這麼大的成就，**原因在於他沒有太拘泥於死板的規則，以及從某些心魂力量的開展來看，他的內心保持著靈活**。如果人們知道這些東西是如何相互作用的（這需要比今日經常聽到的心理學還要更敏銳的心理學），人們就不會受到負面批評的影響，只會受到這種歷史事實之膚淺標準的影響，但至少這會是有趣的。

另一個有趣的例子，就是所謂的孟德爾遺傳學說（Mendelisms），它大約出現在20世紀初（甚至可能是在19世紀末左右），且被自然科學家認為是最適合解釋人類遺傳現象的理論。這個學說來自孟德爾[46]，一位生活在19世紀中的植物學家，也在摩拉維亞（Moravia）地區的實科中學（Realschule）擔任教師[47]。孟德爾對植物進行了仔細的實驗，以研究它們的遺傳特性。他的著作在很長一段時間內都沒沒無聞，直到世紀之交才再次浮出水面，並被譽為是最具說服力的遺傳理論。

現在來看孟德爾的傳記就會很有趣。如我們這裡的奧地利朋

46　孟德爾（Gregor Johann Mendel, 1822－1884）奧地利博物學家，1843年成為修道院的修士，1854年至1868年任教於技術學校，並成為神父。他最為人知的便是在修道院花園所做的豌豆實驗，從該實驗中蒐集到的資料，他建立了部分遺傳規則，並成為了遺傳科學的基礎。

47　在德國等同於普通中學學歷，主要培養科學、貿易以及技術能力。而文理中學（Gymnasium）主要是為了升一般大學。

第七講
教育不能僅憑著熱情，重要的是孩子能適應周遭環境

友所知，修道院的神職人員必須通過考試，才能獲得在中學任教的資格。孟德爾的考試大大失敗，這意味著他被認為能力不足以成為中學教師。但是奧地利的規定是，允許未通過的考生，在考完試一段時間後可以重新參加考試。於是孟德爾重考了，但又再一次壯烈的失敗了。我相信，即使是今天的奧地利，這樣的人也無法找到中學教職。然而，在過去那段時期中，法規還沒有那麼嚴格，加上當時師資緊缺，連不及格的人，有時候也會被聘為教師，因此孟德爾最終成為了中學老師——儘管他曾經在考試上失敗過兩次。而這只有在校長的恩典下才有可能應聘，然而孟德爾的同事依據管理中學教師的規則，認定他是二流的工作人員，沒有資格加上「博士」（Ph.D）這個頭銜到他的名字中。考過的應試者通常會在名字後面寫下這些學位縮寫，例如「約瑟夫・米勒博士」（Joseph Miller, Ph.D）。在孟德爾的情況中，這個頭銜消失了，而這個遺漏表示他處於次等的位置。而幾十年過去，在他死後，孟德爾被譽為最偉大的博物學家之一！

現實生活中出現了一些奇怪的例子。而且，雖然我們不可能根據往後生活的實際需求，來規畫適合年輕人的教育（如果這是唯一的目標，那肯定會提出一些非常奇怪的要求），即使是編寫課程，也無法影響生活本身會走向成熟的事，但是在小學和中學教育上，人們必須準備好以內在清明與心理學感知，來傾聽生活中許多事

件試圖要告訴我們的事情。所以可以肯定的說，在三年級時必須轉學，但某些初級能力還沒有達到其他學校學生的水準時，對這名華德福學生並不是真正的悲劇，因為其他學校的學生是被糟糕的方法所訓練出來的，而這些有害的影響，只會在往後生活中才浮出水面。我可以講述許多生命故事來證實這樣的主張。當人在看訃聞時，有時會出現奇怪的事情，例如：倫琴[48]也被排除在中學教育之外，必須透過具影響力人士的特別恩惠，才得以獲得教職。正如我說過的，人們不能將自己的教育思想建立在這樣的案例上，但是這些案例應該被注意到，且必須努力透過更具辨別力的心理學，來了解這些案例的意義。

當感激與愛適當發展，孩子的責任感就會出現

回到我們的問題上。在12歲之後，要在教學方法中找到可行的折衷方案會變得愈來愈困難。因為在12歲之前，只要人們真正知道學生的內在發生了什麼事，就有可能做到。但在這之

48　倫琴（Wilhelm Röntgen, 1845－1923）德國物理學家，發現了「倫琴射線」（或稱X射線）。

第七講
教育不能僅憑著熱情，重要的是孩子能適應周遭環境

後，情況就會變得愈來愈困難，因為從這個時候開始，他們制定的課程和學習成就標準，不再與成長中的人類本質有任何關係，完全是任意選擇。任何一個年級所涵蓋的學科，完全只是專制下的挑選，人們根本無法解決彼此之間相互衝突的要求——一方面是來自於權力的要求，另一方面的要求則直接從成長中的人類升起。要記住我上一個講座所說過的：**青春期之後，應該要幫助青少年發展出足夠的成熟度與內在力量，從而進入到自由的人類領域中。**我提到了兩種基本美德——感恩，是換牙之前必須準備好的基礎；還有愛的能力，則是在換牙和青春期之間需要準備好的基礎。這是昨天發展出來的主題。

此外，我們已經看到，在道德生活上，孩子的心魂生活也必須經歷對於善與惡的同感與反感。如果人們以「你應該」的態度來處理青春期的學生，將會阻礙未來幾年間的正常發展。另一方面，如果在處理青春期之前的孩子時，能透過自然的權威，讓他們喜愛善與憎恨惡，那之後在性成熟期間，就能從青少年的內心中發展出第三個基本美德，就是「責任感」。對於年輕人來說，這不可能用訓練的方式培養出來，只能從自然發展中的一部分開展而出，只能以感激（在昨天所描述的意義上）與愛的能力來做為基礎。如果這兩種美德都得到適當發展，那麼隨著性成熟來到，責任感就會出現，而這樣的體驗是生活中很重要的一部分。

屬於人類心魂與靈性領域的東西，必須根據自身法則與條件來發展，就像屬於物質領域的東西，必須服從物理法則一樣。正如手臂或手，必須被允許能根據內在的生長力量而自由的生長，必定不能被人為控制住，例如固定在堅硬的鐵架上——儘管在地球上的某些地方，有種限制腳自由生長的習俗，而這就類似於我們阻礙孩子心魂生命的自由開展——因此，青少年必須感受到這種從內部自由升起、新的責任感。當年輕人適當的融入社會，而歌德的格言將會獲得最崇高的實現：「責任是熱愛自己所要求之事。」在這裡，你將會再次看到愛如何融入一切，以及必須如何培養出責任感，以便最終能愛上它。透過這種方式，人就能成為人，並且適當的融入社會。然後，基於過去正確的權威經驗，就能發展出「倚靠自己的力量來支持自己的能力」。

12歲之後，課程必須愈來愈傾向實踐活動

　　「什麼會在最後顯現為真正的虔誠？」當我們用心靈之眼來看，就會發現真正的虔誠，是從換牙之前與身體有關的自然宗教中轉變而來——我已經詳細描述過了。這些都必須深深植根於真正的教育學，且要實際應用。很快的，人們將會意識到從**12歲**

第七講
教育不能僅憑著熱情，重要的是孩子能適應周遭環境

到青春期，而且最重要的是在青春期之後，「允許課程愈來愈傾向於實踐活動」是非常必要的。在華德福學校中，很早就預備好這項任務的基礎。在我們學校，男孩和女孩並排而坐。從這種做法中，出現了有趣的心理事實——每個班級都有自己的心理學，明天我們會再講更多——那就是人們可以肯定的說：「如果能讓男孩和女孩理所當然的並肩練習手工藝，這對他們的成人生活來說，就是一種非常好的預備。」今天，只有少數男人認知到，編織能力多麼有助於健康的思考與邏輯。而只有少數人有能力評斷，會做編織這件事對生命到底意味著什麼。在我們的華德福學校中，男孩在女孩身旁一起編織，而他們也要修補襪子。

透過這樣的實務活動，兩種性別所呈現出的工作類型之區別，就可以在日後找到它的自然歷程，這將會是必要的。同時，這正是在實施一種「充分考慮到學生未來生活實務面向」的教育形式。

當人們聽到我說（以下主張不只表達了我個人的信念，也是基於一種心理事實）：「我不認為就整體意義來說，任何教授都是好教授，除非那個教授也能在緊急的情況下修鞋。除非這個人可以在需要時修鞋或靴子，否則怎麼可能確實知道世界中某些實際物品的存在與變化？」當然，這是相當籠統的陳述，但有些人甚至不會正確的縫鈕扣，真是可悲的失敗。除非人們也能在需要時幫上

忙，否則哲學知識無足輕重。這只是生活的一部分。就我的觀點，唯有能好好成為鞋匠時，才能成為好的哲學家，這也是人的命運。而且，正如哲學史所表明的，鞋匠有時候會成為哲學家[49]。

對於人的了解，會要求我們好好安排課程和時間表，讓學生對生活的實務面向有充足的準備。在閱讀人類本質這本自然之書時，我們只會向孩子介紹——或者更確切的說「青年男女」，我們現在應該這樣稱呼他們——架設織布機以及編織的藝術。從那裡開始，就能自然的銜接下去，例如他們也應該學會紡紗，並且獲得如何製造紙張的概念。

不僅要教他們機械和化學，還要教他們理解至少在機械與化學過程中，簡單的技術運用例子。他們應該親手、小規模的仿造出這些技術，這樣就可以知道各種物品是如何製造出來的。這種朝向更實際生活層面的轉變，肯定是做得到的。如果人們想要建立出適當的課程，尤其是在上層階級中，就必須以誠實與認真的意圖去努力。

但是，這會為人帶來相當大的困難：我們可以做到讓9歲以

49　例如雅各‧波墨（Jakob Böhme, 1575－1624），德國格爾利茨（Görlitz）的哲學家，他對西方哲學與精神流派影響深遠。

下孩子具備足夠的學習能力，又不忽略出於合理教學需要而提供教育，以便能轉入另一所學校的四年級；對要進入七年級的12歲孩子來說，也是可能的；但是要讓學生達到轉入高中所需的學習標準，就會變得非常困難。如果我們高年級的學生要轉入其他高中，必須克服巨大的困難。

在這種情況下，就可以好好回想古希臘：一個聰明的希臘人不得不忍受埃及人告訴他們：「你們希臘人就像孩子一樣，對地球經歷的變化一無所知。」聰明的希臘人必須聽從聰明埃及人的判斷。但是儘管如此，希臘人並沒有如此幼稚的說：「按照成長中年輕人的需求，在他們要接受特定科目的教育時，應該先獲得埃及語言的知識。」他們很滿意年輕人使用希臘本土語言。不幸的是，今日我們沒有按照希臘人的做法，而是讓我們的年輕人學習希臘語。我不想反對這件事，學習希臘語是一件美好的事情，但是這與滿足特定學齡的需求，卻是不一致的。當人們被告知要在課程表上為這個主題分配如此之多的堂數時，就會成為真正的問題，而這樣的要求就會與實務的編織、紡紗課，以及如何造紙的粗略課程衝突。這就是人們在最後要確定課程表的時候，會被要求的情況！而且我們非常清楚，我們永遠無法獲得「在任何地方建立自己的大學」的許可。因此，我們有必要讓那些希望在大學、技術學院或其他類似機構中繼續接受教育的學生，能通過必

要的畢業考試。

　　這一切都使我們處在「幾乎不可能達成」的境地，有著幾乎無法跨越的困難。當人們透過洞察青少年學生的內在需求，試圖培育教育中的務實面向時，卻不得不面對希臘語老師的痛苦抱怨，因為他宣稱：分配給該學科的時間，永遠不足以教完考試的大綱，考生注定會不及格。

　　這些是我們必須解決的問題。它們實實在在表明了，我們不可能以任何狂熱的情感，來堅持推動我們的理想。最終情況會是：教育是對或錯，不再只取決於教師圈中的共識。如今必須讓社會中更廣泛圈子的人，都認識到「真正的人類教育理想」，而外在條件才會讓教育能在「不讓學生與生活疏遠」的情況下，發揮功能。情況顯然會是這樣，如果學生在自己的學校接受過類似重點中學（grammar school）的教育，當無法通過畢業考時，就必須到其他地方去獲得[50]。

50　當時，華德福學校的學生必須在公立學校參加畢業考。

第七講
教育不能僅憑著熱情，重要的是孩子能適應周遭環境

進行人性化教育前，
必須先理解生活的變化程度

　　在此，我想對教育專家說：談到考不及格，我相信即使是植物學教授，無論他多麼聰明，都有可能會在植物學上考不及格——如果考試是唯一的目的！我真的相信像這樣的事情是有可能的，因為任何人都可能會考不及格。在生命的這個章節中，也出現了一些非常奇怪的事實，例如奧地利詩人羅伯特·哈默林[51]的德語使用，被後世認為是奧地利作家可以達到的最高水準。他的考試證書結果，讓他有資格在奧地利文理學校中擔任教職。這張證書讀起來很有趣：希臘語——優秀；拉丁語——優秀；德語和論文寫作——幾乎沒有能力在中學低年級教授這門課。你可以在哈默林的教師證書中看到這些字！所以你看，考試及格或不及格，是非常微妙的事情。

　　因此，困擾我們的難題會使我們意識到，整個大社會必須提供更好的條件，才可能完成比我所說的那種妥協[52]，還要更多的事情。如果有人空泛的問我，是否可以在世界各地都開設華德福

51　羅伯特·哈默林（Robert Hamerling, 1830－1889），奧地利詩人與哲學家。
52　編注：魯道夫·史代納所說的妥協，就是為了配合政府教育單位的要求。

學校，我只能再次用全然空泛的方式回答：「是的，只要被允許開設。」另一方面，正如之前說過的，即使這也不是決定性因素，但在許多人眼中，仍然是一體兩面。儘管主要科目考試成績不佳，但仍然有一些人努力成為著名詩人——但不是每個人都能做到。對許多人來說，畢業考試不及格意味著被逐出生活之流。所以我們必須承認，在我們學校，年級愈高，就愈難達成我們理想的教育理念。這是不能忘記的事情，也展示著人是如何適應實際的生活情況。

以了解人類為基礎的教育，必定會出現以下問題：「當年輕人進入生活後，會在社會中找出適當的人際關係，這是人類的基本需求嗎？」畢竟，那些負責畢業考需求之人，也是社會的一員——即使他們考試的風格和內容，是建立在錯誤的基礎上。所以，如果想要將華德福教學法融入當前的社會條件中，就必須忍受「必須去做某些事情」，且這些事情本身不會被認為是正確或有益的。檢視過我們最高年級的人，都可能會對此留下深刻的印象——那裡所發現的，與華德福教育學所申明的理念並不完全相符。但我可以向你保證，如果不顧大局實現這些理想（尤其是，若我們試圖進到實際生活層面），所有畢業考生都會失敗！在今日，這是多麼顛倒的事情啊，但它們必須透過各種方式處理。同時，**在建立真正人性化的教育形式之前，必須清楚意識到必要的變化程**

第七講
教育不能僅憑著熱情，重要的是孩子能適應周遭環境

度，這不僅僅是在教育領域，而是在所有生活中。

　　儘管有種種障礙，但至少在一定程度上，實踐活動正逐漸在華德福學校中完成──就算確實發生了「因為希臘語或拉丁語老師要求增加一些課程，所以在某種情況下，有些課程就必須減少」，而這是無法避免的。

教學，必須看見人類身心靈中，更精細的相互關係

　　從我所說的話之中，你可以看到青春期是過渡的適當時間點，以引導青少年進入日常生活中的現實。而在更高的意義上，在學校生活中發揮作用的元素必須愈來愈多，那些元素會使人個體化；成為身體、心魂與靈性的存在；成為對社會有幫助以及有用的成員。在這方面，當前時代卻缺乏必要的心理學洞察力；因為一般來說，在人類靈性、心魂與身體領域中，有著更精細的相互關係，是做夢也想不到的。只有那些將了解人類心理做為他們特殊任務之人，才能直觀的感受到這些事情。

　　從我個人的自我知識中，我可以謙虛的告訴你，如果我沒有在生命中的某個特定時期學會書籍裝幀，就無法在靈性科學中，

完成某些被證明是可能的事——書籍裝幀對許多人來說，似乎有點沒用。這與華德福教學法沒有任何關係，只是我命運的一部分。這種特別的人類活動，對最親密的靈性與心魂之事具有特殊影響，特別是如果這件事在生命的正確時間點練習過。而同樣的道理，在其他實際活動也是如此。如果我們不在華德福學校的手工藝課中加入書籍裝幀與盒子製作；如果沒有憑藉對於學生發展的洞見，而在特定年齡中引入這個課程，我會認為這是一種違反人類本質的罪惡。這些都是成為完整之人的一部分。在這種情況下，重要的不是學生製作出一種特定的硬紙盒或裝訂出一本書，**而是學生已經在做這樣的物品中，經歷了必要的教導，藉此體驗了與他們相伴的內在感受與思考過程。**

男孩與女孩之間的自然差異是不言而喻的。然而在這裡，人們需要用心魂之眼，去看見正在發生的事情。例如出現了接下來所說的這種情況，但心理學還沒有完全調查清楚，因為我在華德福學校的時間還不夠久。下次，我們會徹底調查。發生的事情是：在紡紗課上，女孩開始親手紡紗。男孩也想參與其中，但不知怎麼的，他們發現自己的任務是為女孩拿取物品與搬運。男孩想表現得體貼，幫女孩拿來紡紗的各種材料。男孩似乎更喜歡做準備工作。這就是華德福學校中發生的事情，我們仍然需要從心理學角度來消化它。

第七講
教育不能僅憑著熱情，重要的是孩子能適應周遭環境

但是，這有機會「改變我們的工藝課」（如果我可以這樣說），允許我們改為書籍裝幀，然後是製作盒子。在華德福教育學中，這些課程都在實踐活動中占了一部分主導角色，任何以靈性努力與靈性研究為主要目標的人，都可以透過這兩個活動，展示出：這是他們關注生活實務層面，所產生的自然副產品。世界上的教育方法，是徹頭徹尾、不切實際的理論家的聰明想法，他們相信自己已經用湯匙品嘗過實際的生活經驗，然而方法卻完全脫離現實。如果人們以教育理論作為起點，那最終就會得到最不切實際的結果。理論本身並不會產生任何有用的東西，且往往只會滋生偏見。**真實的教育學，應該是人類真正知識的產物。而藝術與手工在生命的某個時期所扮演的角色，只是將知識應用在某種特殊情況下。**這種知識本身已經呈現出一種教育學形式，將透過生動的實際課程所賦予，轉變為正確的實務教學。它會轉化為老師的正確態度，而這才是真正重要的。整個學校的本質與特點，都必須與之協調。

因此，在華德福學校所培育的教育體系中，重心就在教師團隊與例行會議之中，因為整個學校的意圖，是成為一個活生生的、被靈性滲透的有機體。因此，我們期待一年級的老師，不僅要對物理老師在七年級的教學內容真正感興趣，對物理老師在這個班級中，與不同學生的互動經驗也是如此。這一切都將在教師

會議中匯流在一起，根據實際的教學經驗，自由提供與接受實務教學的建議與諮詢。透過教職員工，真正為整個學校有機體創造出某種心魂。所以一年級的老師將會知道，六年級的老師有一個孩子在某種程度上智力發展遲緩，或者是有另一個學生可能具有特別的天賦。這種共同的關注和共享的知識，會產生豐碩的影響。整個教學團隊是如此團結，並體驗到學校是一個整體。然後某種共同的熱情將會瀰漫在學校裡，同時也會願意分擔所有的悲傷與憂慮。接著，整個教學團隊將會承接必須承擔的責任，特別是關於道德與宗教的議題，還有更屬於認知上的問題。

在這樣的方式下，其他同事也可以學習到某位教師如何教授某個特定科目，並會影響到另一位老師在完全不同科目上的授課。這就像是以人類有機體而言，也需要注意胃是否與頭部適當協調；所以在一所學校裡，從早上9點到10點給三年級的課程，要適當的與八年級的11點到12點的課程有所連結，也是需要注意的。當然，這是相當激進與極端的說法。但是事情並不是像這樣發生的，它們會以這種方式呈現，是因為在本質上符合現實。如果思想與現實有所連結，那麼判斷關於感官感知世界的事物時，將會與基於抽象理論的判斷大相逕庭。

第七講
教育不能僅憑著熱情，重要的是孩子能適應周遭環境

教育就像治療，必須既全面又能切合實際

為了說明上述這一點，我想提及一些在不違法的地方進行治療的「外行治療者」（lay healers），他們是獲得了某種程度醫學知識的外行人。假設：某位治療者可能會發現患者的心臟功能異常。這可能是正確的診斷，但在這種情況下卻並非意味著治癒，也就是要讓心臟回到正常狀態。而根據這樣的外行治療者的見解，病人的整個有機體已經適應了輕微的心臟功能異常。這意味著，如果現在要讓心臟又可以再次正常運作，那這樣一顆「被治癒」的心臟，可能會因為它恢復了正常，卻打亂整個有機體，從而導致患者整體狀況惡化。最後，治療實際上可以包括讓心臟保持原樣，並建議如果輕微的心臟缺陷症狀又回來了，應該採用與通常情況下使用藥物治療的不同療程。

上一場講座我已經說過，教育和治療是相關的活動。因此，在教育領域也需要類似的事物。這是具概念性且敏銳的感覺方法，既全面又能切合實際，因為它必須能適用於與實際生活直接相關的其他認知領域。

如果看當代解剖學與生理學告訴我們的人類知識──更不用說心理學是抽象的大雜燴──會發現某種類型的知識，可以創造出一幅人類圖像。假如這個圖像被用來作為自我認知的途徑，就

會有種「我們只是一具骨架」的印象（在一定範圍內，對人類的認識也屬於自我認知——不是指內省的那種，而是指在每個個體上看見根本的人類特質）。如果在審視自己時，忽視了我們骨架內部與周圍的一切，自然就會得出這個結論——我們只是一具骨架。如果只用當代解剖學與生理學所提供的人類圖像，那麼整個人——身體、心魂和靈性——就會顯現為現在呈現於我們面前的樣子。心理學需要真正的將靈性滲透進人類心靈中。如此一來，我們就可以跟隨靈性元素直接進入到身體的物理現實中，因為靈性會在人體的每個部位起作用。

我已經說過，唯物主義的悲劇在於它「無法理解物質的真實本質」。對於靈性的認識，將會引導出對物質的真正理解。唯物主義可以談論物質，但並沒有深入到透過物質起作用之力量的內部結構中。同樣的，只觀察外部現象的教育學，也無法深入到人類那些揭示出「在實際生活中應該要做什麼」的領域裡。這導致了一種情況——對靈性研究者來說，這是很自然的；但對許多人來說，卻會顯得自相矛盾。他們想知道為什麼從人智學發展而出的教學法，總是強調必須在特定年齡訓練兒童某些實踐活動——也就是說，必須訓練他們正確處理物質過程。以人智學研究為基礎的教育原則和方法，不僅不會將學生帶入迷霧籠罩的神祕主義，也不會使他們與生活疏遠。相反的，**它會誘導靈性和心魂物**

第七講
教育不能僅憑著熱情，重要的是孩子能適應周遭環境

質穿透他們的肉體，從而使他們在塵世生活中發揮功用，並為他們提供發展內在確定性的適當條件。這就是為什麼，我們覺得有必要擴大實踐類型的工作。當然，隨著每一個新學年開始，當我們必須在現有班級中增加新的班級時，困難度就會增加（我們從八年級開始，再加上九、十、十一年級，也即將首度開啟十二年級）。

這導致了這樣的情況：當最近正在處理人智學事業所面對的其他問題時，華德福學校當前最高年級的學生，遞交出一份備忘錄。那些預計要參加畢業考的人制定了一份了不起的文件，而只有以正確角度看待整個問題時，備忘錄中更深層的面向才會受到讚賞。他們大致發送了以下的備忘錄給人智學學會：

「由於我們是在真正的人類意義上，接受教育並且被教導（他們以某種方式蒐集到了這一點），而且由於我們無法進入現有類型的大學，我們希望向人智學會提出以下建議：建立一所新的人智學學院，我們就可以在那裡繼續接受教育。」

備忘錄中的措辭，並沒有批評大學的意味——不過這樣的評論在當代社會中常常遇到。

這一切為我們帶來了最大的困難。但是，既然你已經努力來到這裡，想知道華德福教育究竟是什麼——某些事我們非常清楚要如何欣賞——所以這些問題也應該被提出來。任何對這個教育

意願有真誠興趣的人，都值得清楚了解其中所有的困難。

到目前為止，只有一所華德福學校老師在實踐華德福教學法，在那裡，我們發現困難會隨著學校發展而增加。我只能假定，在一所以人智學經營的大學中，問題會更多。然而建立這樣的大學只是非常抽象的想法，我只能假設性的說明。一直以來，我的方式都是直接處理生活設定的任務，這就是為什麼，關於這個教育我只能談論到即將開課的十二年級。對於立足於生活之中的人來說，如果是屬於虛無縹緲的未來之事，就不該為此占去太多時間，因為這只會減損手頭上的實際工作。

只能說，問題會大幅增加，而且顯然會出現兩種困難：首先，如果要開設大學，我們的考試成績不被承認，這意味著成功的候選人（也就是在華德福大學獲得學位者）在生活中不能從事專業工作，他們不能成為醫生、律師等等——這些以目前習慣形式而存在的職業，仍然是不可或缺的。這呈現出這個問題的一個面向。如果某些確鑿的事實，不能緩解我們的這種焦慮，那另一個面向就會讓人聯想到非常可怕的前景；因為，在我們年輕朋友值得讚許的努力下（實際上已經成立了一個協會），其表達的明確目標，就是要：根據華德福教育學原則，努力創建這樣一所大學。沒有必要對這種努力的潛在後果感到震驚，唯一的原因是這個協會所需要的資金，肯定不會達到如此令人頭暈的高度，所以任何

第七講
教育不能僅憑著熱情，重要的是孩子能適應周遭環境

人都會認真考慮是否要繼續進行這項任務。為這個目標而努力完全是值得讚許的，但目前仍然超出了實用範圍。例如，只有當一位美國的百萬富翁突然提供數百萬美金，讓這樣一所大學用來建造、安排設備與人員時，才會出現真正的憂慮。因為在這種情況下，所能做到的最好之事，就是集體提拔華德福學校全體教職員工為新學院的教師。但那樣就不再是華德福學校了！

我之所以這麼說，是因為我相信事實遠比任何抽象的議論重要。承認基礎教育理念（包括大學教育）是建立在真正的人類知識上，呈現出一個意義深遠的理想，而我們必定不能忽視這樣的事實：那些在背後堅定支持我們理想的人們，他們的圈子非常小。這就是為什麼，人們對於能擴大這項工作的每一步都感到如此高興，透過歡迎你們來走訪這個講座，也許這項工作將會獲得進一步的動力。同時，我們也不能忽視必須發生的所有事，這樣華德福理想才能建立在真正堅實且健全的基礎上。這一點，在講座開始與結束時都需要提及，因為它遵循著華德福學校的章程。

明天閉幕時，我想告訴你更多華德福學校的架構——關於它是如何運作的、關於師生之間的關係應該是什麼，以及學生之間、教師之間的相互關係。此外，我想談談在我們的思考方式下，如何正確處理考試和學校報告才能反映出人類知識。

第八講

從人類的身體、心魂與靈性，
看見華德福學校的運作模式

（1923年4月22日）

　　為了圓滿結束，可以說，過去幾天我們只能粗略概述以人智學研究為基礎的教育。今天，我想做一些補充，提出要如何做才能實現這些想法的例子——主要是關於華德福學校是如何運作的。靈性教育中必定要清楚呈現的，就是要同等考慮與人類身體、心魂與靈性有關的每一件事。因此，如果實際教學有按照其特徵進行，它同時也能成為孩子生活中的某種保健，必要時甚至是治療。

教育，必須同等考慮
人類身體、心魂與靈性的每一件事

　　要能清楚的看到這一點，就必須以正確的方式看待孩子的存在。而我們在這裡必須要理解的是，我們所說關於孩子從出生到換牙之間的一切發展，主要都是神經感覺系統的活動。每一個有機系統都會自然的延伸到整個人體，但每個系統也同時位在身體這有機體的確切部位。因此，神經系統主要是在頭部組織。但是，當談到人的三個主要有機系統時——神經感覺系統（nerve-sense system）、節律系統與新陳代謝運動系統（metabolic-motor system）——我們並不是說它們只限於頭部、胸部和新陳代謝肢體系統（metabolic-limb systems），因為這樣說完全不準確。人的組織不可能只劃分為三個獨立的空間。只能說，這三個系統相互滲透，在每個地方都彼此交織著。

　　然而，神經感覺系統主要是位在頭部區域；節律系統（包含人類中有節奏本質的每一件事）主要是位在胸部器官、呼吸器官和血液循環。在這裡，我們不能忽視這樣的事實：促進消化節奏的一切（最後就是睡眠和清醒）也屬於節律系統，就消化、睡眠和清醒而言，這三者是人類有機體的身體基礎。消化中的實際化學生理過程，與構成人體運動系統的一切是密切相關的。至於運動本

身，一方面是在營養系統和消化系統之間會發生交互作用，另一方面則是實際的身體運動。

這一切都意味著，儘管這三個系統從孩子幼年一直到換牙之前，都是自然而然在彼此之中作用著，形構與形塑力量會參與到孩子的感覺及神經系統中心，而這個滋養的過程主要是從頭部向下。所以，如果年幼的孩子生病了，這種疾病主要是由於神經感覺系統的影響。這就是為什麼，換牙之前的幼兒特別容易患上源於內部的疾病 ──稱之為「兒童疾病」。

來自環境的影響，也就是孩子透過模仿衝動所接觸到的那些人，對兒童疾病的易患病特性會產生非常強大的影響，這比醫學界在當前物質主義趨勢下，普遍意識到的影響還更大。因此，在許多情況下，麻疹發作的原因，可能是兒童目睹了成年人突然爆發憤怒。我指的不是精神病患者爆發的精神疾病，而是經常可以在人們之中看到，卻不那麼暴力的形式。隨之而來的衝擊，連同其道德與精神影響，都必須視為促成麻疹的因素之一。此外，這些對孩子起作用的影響，都會持續到幾乎9歲的時候。如果老師碰巧在學校中變得非常生氣（例如，如果孩子不小心濺出一些墨水，而老師的反應是大聲喊叫：「如果你再這樣做，我會把整瓶墨水都倒在你的頭上！」或：「我會把它砸到你的頭上！」），那麼當這一切對孩子的身體健康產生非常有害的影響時，我們都不該感到驚訝。當

然，我選擇了相當激烈的例子，但在課堂上，這種事情太容易發生了。

即使在他們換牙之後，老師內心的不誠實，也會對兒童產生非常有害的影響。謊言有很多種偽裝，例如不真誠或虛偽的虔誠，或為孩子制定出成年人做夢也不想用在自己身上的道德準則。在這樣的情況下，不真實的元素會交織並存活於所說出的話，以及在孩子面前所展開的事情中。**成年人可能完全不會注意到不真實的元素，但孩子會透過老師的姿態接收它們。**透過神經感覺系統，不誠實與虛偽會有極其強大的力量，將影響到兒童消化道的有機結構，特別是在膽囊發育上，而膽囊在孩子往後的餘生中會發揮非常重大的作用。

所有教育學互動都必須被這種對於靈性、心魂與身體如何不斷交織與相互影響的深入意識所滲透，而教師不必一直談論這件事。由於從頭部向下開展的人類有機體，在早期幾年會非常活躍——也就是神經感覺系統的兩極——而因為頭部區域所謂的正常情況，很容易被異常情況覆蓋，所以這個年齡層的孩子特別容易因兒童疾病受到傷害。

奇怪的是，在換牙到青春期之間的那幾年裡（以人類有機體之本質來說是真實的）將會是孩子最健康的歲月——儘管對人類發展有洞察力的人來說，並不令人驚訝。這是因為，這個年紀的孩

子，整個有機結構都是由節律系統輻射而出。這個系統本身，永遠不會變得疲倦或被過度刺激。這幾年中所出現的疾病症狀，都是由外在環境所造成，當然這樣的說法並不完全，且只適用在實際生活情況。在外在生活中，當節律系統正扮演著如此主導的作用時，該特定年齡層的孩子如果在外在生活中被不當對待（不論何種方式），就會生病。

當青春期過後，疾病的發生是從內部向外輻射，也就是從新陳代謝運動系統輻射而出。在生命的那段時間裡，年輕人顯現出的疾病原因，都是從內部所產生的。教授實務課程的方法，會對學生的身體健康有很大的影響，而我們的教育理念與方法就像幫孩子插上翅膀，必定能讓他們有健康的身與心。這必須是我們在課堂上，始終涵蓋在內的事情，特別是在童年的第二個時期裡。

這裡，可以顯示出某些細節。讓我們以一個憂鬱氣質（土向）[53] 的孩子為例：如果你給那個孩子糖（當然要是適量的），你會發現對於主要是樂天氣質（風向）的孩子，糖的影響是完全不同的。以憂鬱氣質（土向）的孩子來說，糖會抑制他的肝臟活動，

53　編注：按照人智學的研究，孩子可以分為風向、土向、火向、水向這四種氣質，關於對四氣質更詳細的討論，請參考第一所華德福學校教師卡洛琳·馮·海德布蘭德的著作《童年【華德福幼兒教育經典】：風、火、水、土，從四種氣質，探索孩子的內在靈性心魂》（小樹文化出版）。

第八講
從人類的身體、心魂與靈性，看見華德福學校的運作模式

於是肝臟活動就逐漸減弱，會輻射到孩子的整個生命之中，就能從身體層面上有效抑制其憂鬱氣質（土向）的傾向。這是一種有用的權宜之計，但人們必須理解它。使用糖來幫助並不意味著否定了心魂和靈性，因為知曉靈性在所有物理或是物質過程中作用的人——正如人智學所揭示的那樣——都不會將增加糖的攝取量會如何影響肝臟活動，視為只是生理現象，而是藉由物質手段作用在心魂和靈性上（當然，結果總是得取決於正確的劑量）。但對於樂天氣質（風向）的孩子，透過不提供糖來刺激肝臟活動，才是有益的。

這是了解身體、心魂和靈性是如何相互影響與作用，而能對人的三個系統有大益處的例子。我們絕對可以說：與平常的觀點相反，華德福教育學（起源於靈性基礎）肯定不會忽視教育的身體面向。另一方面，你將會發現其他形式的教學法，一心一意按照固定的方式來發展孩子的身體部分，而抽象的規則確實對身體的作用是最小的，因為他們的追隨者並沒有意識到心魂與靈性在每個孩子之內的激盪，將會直接影響他的身體本質。

正因為如此，我覺得有必要在華德福學校開學之前，開設一

個研討班，以裨益那些被挑選為首任教師的人[54]。這門課程的主要目標之一，是在實際展開新的教學法之前，帶入結合了心魂、身體、靈性的教學工作基礎與全面思想；因為這方面的知識在19世紀和20世紀中逐漸消失了——消失得比人們普遍意識到的還要多。

在華德福學校成立後的幾年裡，還提供了較短期的額外課程[55]。不言而喻的是，任何認真考慮積極參與華德福教育的人，都必須活在這些課程的靈性之中。這才是真正重要的。如果人們想要以生動的方式來處理某個學科，細節並不重要，因為它們總是可以在靈性的背景下被鍛鍊出來，並且在後續以適當的觀點出現。你可能已經透過華德福老師的講座中——例如馮‧巴拉維爾博士[56]和馮‧海德布蘭德博士[57]——知道他們如何嘗試讓靈性，活在這種教育之中並流入到所要教授的各個科目中。當人類結構

54　參考：*The Foundations of Human Experience*, Anthroposophic Press, Hudson, NY, 1996、*Practical Advice to Teachers*, Rudolf Steiner Press, London, 1976以及 *Discussions with Teachers*, Rudolf Steiner Press, London, 1967。

55　參考：*Balance in Teaching*, Mercury Press, Spring Valley, NY, 1990、*Education for Adolescents*, Anthroposophic Press, Hudson, NY, 1996以及*Deeper Insights into Education*。

56　赫曼‧馮‧巴拉維爾博士（Dr. Herman von Baravalle, 1898－1973），德國斯圖加特華德福學校數學與物理老師。

57　卡洛琳‧馮‧海德布蘭德（Caroline von Heydebrand, 1866－1938），德國斯圖加特華德福學校主帶老師。

第八講
從人類的身體、心魂與靈性，看見華德福學校的運作模式

被理解為一個包羅萬象的靈性實體時，類似生命之血的東西，將會在課程之中脈動著。當然，在這方面，今天的大部分內容都只能以簡短而表淺的方式提及。

團結一致的教師團隊，
就像學校的心魂與靈性般作用著

我昨天提到，團結一致的教師團隊，就像整個學校有機體的心魂與靈性般作用著，絕對是運作華德福學校的基礎。根據其教育學的脈動之一，**統計與蒐集教師在會議中所表達出的意見並不那麼重要，而是要從實際的教學經驗出發，共同發展出一種活生生的、個性化的心理學。**我想為你舉個例子。

在我們學校，男孩和女孩坐在一起。一開始，華德福學校只有一百多名學生。但是我們的人數增長得如此之快，去年就有七百名學生，也因此同一個年級必須開設兩班，特別是低年級。現在，我們發現某些班級中女生比男生多，而在其他班級則是男孩更多。即使班級數量不多，也會有男孩與女孩人數不均的情況。堅持每個班級的男女人數要相等，不僅迂腐也行不通。首先，新來的學生不會有剛好的配對；其次，這樣的方案無法代表現實生

活。在這種情況下，正確的做法是無論外部環境如何，都要盡可能的應用教育的推動力。

同樣的，我們很快發現到，除了外部環境（也就是說，除了最明顯的情況之外），女生占多數的班級與男生占多數的班級，也會呈現出截然不同的心理圖像。人們很容易忽略是什麼賦予了這些班級這樣的心理特徵。儘管如此，當我們在會議上一起工作的時候，就會有機會在這個方向進行富有成效的調查。我們很快就能看見，分享這些大家共同感興趣的問題，會大大有助於讓學校成為活生生且富有心魂的有機體。

讓我們假想有人這樣說：「我只想思考對我往後生活有用的想法。我不想讓任何對往後生活沒有直接價值的東西進入我的心魂，因為這不划算。」這樣的人將成為生活中駭人聽聞的人物！首先，因為這樣的人沒有夢想——事實上，也絕不夢想。當然，有這種傾向的人可能會簡單的回答：「夢想不重要。沒有夢想，人也可以過得很好，因為夢想在生活中真的沒有任何意義。」的確，對於那些只接受外部現實的人來說，夢想沒有什麼意義。但是，如果夢想不僅僅是夢幻般的圖像呢？自然的，那些相信他們在每個夢中都看到非常重要與深刻預兆的人，即使它只是由他們的肝臟、膀胱或胃的活動所引起——那些認為夢比清醒生活中的每件事更重要的人——他們不會從自己的夢中獲得任何好處。然

第八講
從人類的身體、心魂與靈性，看見華德福學校的運作模式

而，如果一個人知道在夢中所表達出的生命力量——即使只是隱隱約約——對呼吸、循環和神經感知系統具有健康或誘發疾病的作用（無論是在衛生還是病理意義上），而人們也將明白，人的另一半會在這些夢中鏡射出來。更進一步，人們將會認識到，不做夢就類似於透過服用某種形式的毒藥，來破壞消化或循環。**重要的是要去認識，許多對人的外在生活來說看似不必要的東西，卻發揮著重要的作用——這類似於我們看待外在自然的方式**。只需要將散布在海洋中的無數鯡魚卵，與實際出生的鯡魚數量進行比較，你就會輕易的指責大自然的巨大浪費！然而，只有那些不知道死去鯡魚卵對於正在生長的鯡魚有強大靈性影響的人，才會有這樣的看法。一定數量的卵必須死去，這樣才會有一定數量的卵可以進到茁壯成長的狀態。這些東西都是相互關聯的。

如果我們現在把這個想法，與學校是活生生的有機體連接起來，就會遇到接下來的情況：在我們的教師會議上，諸如男女比例之類的問題，以及許多其他問題，都正從心理學和聖靈論（pneumatological）方面（也就是心魂與靈性的大眾研究）來尋求解決。我們不斷努力從學校所面臨的心理和病理問題中，獲得新的認識。而且，為了應對各種意外情況，學校生活中還有一些其他東西是必不可少的，這是我們在華德福學校中所擁有的，也就是「校醫」。他是一名全職工作人員，還在學校裡教好幾個班級。

這讓教師們（只要他們積極參與所有會議）可以透過病理和治療的問題，以及由特別有天賦的兒童所提出的問題，進行討論與工作。研究這些問題不僅有助於個別案例（或多或少是統計學），而且是深入的研究。在這種方式下，可以從每個單獨的案例中學到很多東西——雖然不會總是立即見效。

　　人們可以將這種情況與「某人接受了某件事，並宣布它在生活中毫無用處」的狀況互相比較。而生活也可能會證明情況並非如此。同樣的，無論老師在這些會議上解決了什麼，都能夠創造出活生生的心理學、活生生的生理學等等，並持續產生影響，而且經常是在你意想不到的地方。比方說，想像一下你花時間在兒童膽汁的靈性功能上（請原諒這個表達，但它是完全合理的），而透過這項研究，你學會了如何進入這種思考模式。接著，如果你現在突然被要求要處理孩子的鼻子問題，實際上，你與這個新的情況連結時，就會有很大的不同。即使你可能會想：「如果我現在必須處理鼻子問題，那麼學習認識膽汁將能帶來什麼益處？」一旦找到切入點，你就會以不同的方式迎接遇到的問題與任務。

　　就這個意義上，**師資團隊必須成為整個學校有機體的靈性與心魂。只有這樣，每位教師才能以正確的態度與心魂狀態進入課堂。**同時，我們也必須記住，正是這些問題可以找到一種強烈的宗教因素，因此沒有必要時時在嘴上掛著主的名，也不必時時呼

第八講
從人類的身體、心魂與靈性，看見華德福學校的運作模式

求基督的名。最好遵守這個誡命：「不可妄稱主神的名。」然而，一種帶著強烈基督教驅使的基本宗教推動力，就有可能滲透到人的整個生活之中。某些古老的、現代人已不再了解的經驗，將開始在人的靈魂中激盪，這些經驗深深植根於人的演化中、人的基督教發展中。例如，那些在心魂深處尋求適當刺激以找到適當形式的教學法（尤其是在這些病理、生理領域）的教師，最好讓自己一次又一次受到來自《聖路加福音》的啟發（對現代人來說，這樣的說法聽起來一定很奇怪）。另一方面，想要向學生灌輸必要的理想主義生活的教師，最好透過一遍又一遍閱讀《聖經》中的《約翰福音》，來尋找靈感。如果教師不希望學生長成懦夫，而是能成為有旺盛精力來處理生活任務的人，他們應該從《聖馬可福音》中尋找靈感。那些熱中於教育年輕人成長為有洞察力的成年人，而不是成為那些視而不見度過一生的人，就可以在《聖馬太福音》中找到必要的刺激。在古代，這些都是可以在不同的福音書中感受到的特質。如果我們同時代的人讀到「在過去的時代裡，《聖路加福音》被認為能在醫學意義上散發出治癒元素」，他們是無法了解的。另一方面，如果他們以真正的教育家身分進入生活，就會重新開始理解這些事情。

這是人們談論這些事情的一種方式，然而也可以用完全不同，卻不失宗教或基督教意義的方式來討論。例如，研討會的課

程可能是以人的四種氣質為主題，也就是：身體、心魂、靈性本質中的膽汁質（choleric）、憂鬱質（melancholic）、多血質（sanguine）和黏液質（phlegmatic）氣質[58]。首先，我們將會描述這四種氣質，然後可以討論在課堂上要如何對待他們。例如，將膽汁質的孩子一起安置在教室中的一個角落，會產生有益的效果，使用這種方式會讓班上的其他人鬆一口氣，因為老師不必經常訓誡他們。膽汁質的孩子會忍不住互相推打，所以如果他們突然發現自己成為了受害者，這個狀況本身就會產生徹底的教育學效果，以非常直接的方式「塑造」了膽汁質的孩子，因為那些推擠會激怒另一個人進行反擊。如果，透過安排黏液質孩子坐在一起，讓他們互相「黏液」，也會具有奇妙的教育學效果。然而，這一切都需要以適當的策略完成。我們真的必須知道，如何在個別案例中掌握住情況。你可以在給華德福學校老師的第一次師訓課程出版品中，找到如何詳細處理孩子各種氣質的方式[59]。

　　從根本上來說，我所說的四福音書，從靈性角度來看是完全一樣的，因為它把人帶入相同的生命元素中。今天人們普遍認

58　編注：四氣質中的「膽汁」對應到「火向」、「憂鬱」對應到「土向」、「多血」對應到「風向」和「黏液」對應到「水向」。

59　請參考240頁注解54，並同時參考：*Anthroposophy in Everyday Life*, Anthroposophic Press, Hudson, NY, 1995中有關「四種氣質」的文章。

第八講
從人類的身體、心魂與靈性，看見華德福學校的運作模式

為，如果一個人想要學習某件事，相關元素必須整齊並排放置。但是這個程序無法導出基本原則，因為它們必須在現實生活中處理。例如，人們無法理解人的膽汁或肝臟系統，除非他們也能了解人的頭部，因為消化道中的每個器官在大腦中都有一個互補器官。人們對肝臟一無所知，除非他們也知道它在大腦中的相關功能。同樣的，人們對福音書可以流入人類心魂的巨大靈感也沒有內在的理解，除非他們可以將這些靈感轉化為：性格與氣質是在地球上烙印人之個性的方式。活生生的領悟世界，與透過死去的概念領悟世界，是大不相同的。

這也將有助於人們看見，如果孩子是根據這裡所說的教育而培養，他們就會允許某些東西在身上成長，比童年時代更長久，並且持續影響他們的一生。當你老了，你必須做什麼？不了解人類天性的人，無法評估某些只能在童年時期植入的推動力對生命的重要性。在年幼的時候，這些推動力仍然可能浸入孩子柔軟、柔韌的有機體之中，對音樂的形成力量依然非常開放。在後來的幾年裡，有機體會變硬，不一定是身體上的改變，但無論如何，都有心理身體硬化的傾向。然而，一個人透過成長與教育所吸收的東西不會變老。無論年紀多大，一個人的內心仍然具有與10歲到15歲時同樣年輕的元素。**人總是帶著這種年輕的元素，但必須保持柔軟與靈活的程度，讓如今老化的大腦（也許已經是禿**

頭）可以如同過去柔軟般的使用。然而，如果教育沒有幫助到這個過程，結果就會造成被認為無法越過的代溝——這在當今經常出現。

正確的教育，讓孩子明白如何正確的老去

有時人們所說的事情與實際發生的情況相反。例如，經常會聽到這樣的評論：「今日的年輕人不了解老人，因為老人不再知道如何與年輕人一起年輕了。」但這不是事實，完全不是。真正發生的是，年輕一代期望老一代能夠正確使用已經變老的身體組織。透過這種方式，年輕人會在老年人身上辨認出一些與自己狀況不同的東西，是一些他們還沒有的東西。就是這種特質，能導出對老年人的自然尊重。情況必須是：當年輕人遇到一位老人，儘管頭已經禿了，卻能像孩子使用他們有著凌亂頭髮的頭一樣，使用自己的腦袋；年輕人覺得可以從老一輩那裡，得到某些在同齡人身上所找不到的東西。

我們必須教育年輕人，這樣他們就可以知道如何正確的老去。我們這個時代的不滿正隨著年輕人成長，他們不認識那些在老一輩人之中，已經正常變老的人。相反的，他們看到的只是幼

第八講
從人類的身體、心魂與靈性，看見華德福學校的運作模式

稚的個體，保持著與年輕一代相同的發展標準。這是由於老年人的教育不足，所以無法適當使用身體組織、仍然維持著稚氣。「大孩子」（Kindskopf）[60]這個詞是真的很有創意，因為這意味著這些人們，在他們一生中失去了掌握整個有機體的能力。他們只能用頭工作，這正是兒童或年輕人應該做的事情。所以年輕人回答：「我們為什麼要向他們學習？他們走的並沒有比我們遠，他們和我們一樣幼稚。」關鍵不是老年人缺乏青春，而是已經落後了、太幼稚了，造成了今日的困難。你會看到，有時出於善意所選擇的表達，卻與他們想要傳達的意思相反[61]。

在教育重新站穩腳跟之前，必須以正確的眼光看待這些事情。這在今日變得非常必要。請原諒這種有點過於激烈的說法，但在我們的智性時代，教育真的徹底顛倒了。

因此，華德福教學法的特徵之一，就是要學會「重要的並不是外在」。教師是否從四福音書的不同特質中汲取內容來滋養學

60　英文譯注：在德文中，這個詞有「兒童的腦袋」的意思。

61　參考：*The Youth Section of the School of Spiritual Science*, March 9, 1924，書中說道：「然而，如今的年輕人並沒有在年長的男人或女人身上，看見不同於自己且值得效仿的人類特質。今日的年長者並不是真正的『年長』了。儘管他們已經吸收了許多東西，也能談論這些東西的內容，但他們的知識卻還沒有『成熟』。他們在年齡上已經老去，但心魂卻跟不上歲月的腳步。當他們說話時，使用大腦的方式依舊與年幼時相同。年輕人感受到了這個事實——在年長者身上，他們感受不到成熟；他們在年長者的身上，依舊看到了年輕的心魂狀態，於是年輕人轉身而去，因為對他們來說似乎是虛假的。」

生的靈魂，或者是否使用呈現在德國斯圖加特教師培訓課程中，關於四種氣質的內容來做到，都是無關緊要的，重要的是在那裡統御一切發展的「靈性」。在今日，這些東西常常被人們視為是膚淺的，因此很容易發生這樣的情況：當有人被告知，可以在斯圖加特的基礎課程中研究四種氣質的對待方式時，同樣的主題也可以考慮後面的課程，因為在那裡，還可以發現一些關於老師對於四福音書的態度。於是，這個人的反應很可能會是：「這樣的話，我還不如選後面的課程。」使用不同的資源來處理不同的學科當然是一件好事。但也有另一種看待方式，也就是說：**即使從表面上看，這兩門科目可能非常不同，但是人們可能會在不同的時間與不同的地點，發現當中貫穿著共同的信息。**在不同的講座課程中發現這種內在對應可能會讓人不舒服，因為它們的各個點是相互關聯的，而不符合較傳統的因果模式。

因此，可以比較一年多前在歌德館（當時有一些英國朋友在場，史特芬先生[62]非常稱職且藝術的演繹）所提供的教育課程與本次講座中再次向你展示的內容[63]。你會發現，基本上這兩門課的內容是一

62　阿爾伯特‧史特芬（Albert Steffen, 1884－1963），瑞士詩人、小說家、劇作家，1912年加入人智學會，並於1925年魯道夫‧史代納逝世後成為人智學會主席。

63　參考：*Soul Economy and Waldorf Education*, Anthroposophic Press, Hudson, NY, 1986.

第八講
從人類的身體、心魂與靈性，看見華德福學校的運作模式

樣的，就像頭和胃，各自構成有機體的其中一部分。各種主題相互支持的方式，可能會讓你感到不舒服，但不能說：「我已經閱讀並理解了第一門課程，因為後面的課程應該也帶有相同的信息，所以我沒有必要研究它們。」然而，事實是，如果人們同時學習了這兩門課程，就會更深入的理解前一門課程，因為每門課程都會對另一門課程有所啟發。甚至可以說，只有在消化了後面老師的課程，才能完全理解前面的課程，因為這些課程相互影響著。數學是建立在純粹的因果序列之上的，因此可以在不了解後續階段的情況下理解早期階段。但當以活生生的方式教數學時，它的主題之間會相互關聯，所以早期給予的東西可能會藉由後面呈現的東西進一步得到闡明。

我提到這一點，是因為這都是活生生且靈性的一部分，必須滲透到華德福的教學方式。人必須有良好的意願，想從各個方面去了解它，而一個人永遠不能滿足於只理解到它的一個特定面向。**作為華德福教師，必須意識到持續擴大與深化人類知識的必要性，而不是對自己的成就感到滿意，甚至認為自己非常聰明。**如果有「活出華德福教學方式」的感受，那這樣的錯覺很快就能克服！對於真正的華德福老師來說，從這個活動中所流出的每一件事，都必定被真正的心與心魂力量所滲透。它必須源於正確的自信，而這則取決於對神的信任。當意識到有神聖力量運作在內

時，將會不斷被流動的生命之泉餵養，這股生命之泉來自超越記憶的過去，與人可能或無法從外部學到的東西相去甚遠。當自信源於外在成就時，就只是道路的開始。當自信引領出對神之運作的信心時，當它引領出意識到「不是我，乃是我裡面的基督。」這句話的力量時，人就在適當的地方了。當這件事發生時，自信也變成了自謙，因為人會意識到基督的神聖力量反映在人類心魂所乘載的任何事情上。這個靈性，必須支配著整個學校。

如果它不存在，學校就像一個自然的有機體，它的命脈是被抽走的，或者是正在慢慢窒息。

這是最重要的精神，如果它是活著的，無論是教師團隊還是學校領導，都能激發出熱情。然後人就可以有自信，某種程度的客觀靈性將會貫穿整個學校，這與教師整體個人靈性不同。然而，這只能從教師團隊的生活中逐漸培養起來。

從最深的人類洞察，來安排華德福學校的課程

以這種方式工作的結果，就是在華德福學校中出現了我們稱之為「板塊時段」（block periods）或「主課程」（main lessons）的東西。**這些主課程的時間比普通課程還長很多，能允許孩子深入研**

第八講
從人類的身體、心魂與靈性，看見華德福學校的運作模式

究一門學科，而不會像過去因為有太多學科在切換，常常讓孩子的注意力分散──例如，學生通常會在上午 8：00 到 8：45 時，上一節地理課，然後接著在上午 8：45 到 9：30 上一門完全不同的科目，例如拉丁語，之後可能會再出現數學或其他課程。然而，主課程的板塊時段是這樣安排的，其結構是：每天上午課程的前半部分，教授同樣的科目大約 3 ～ 4 星期（取決於科目的類型）。例如，在主課程期間，可能會學習地理 3 ～ 4 星期──不是用嚴格或沉重的方式，而是以更輕鬆但卻完全嚴肅的方式。當下個學期再上同一個主題的時候，內容會建立在前一個板塊時段的基礎上。透過這種方式，主要科目會在一年的板塊期間教授，而不是在常規的每週課程中。毫無疑問，對教師來說，這種方法會比傳統課表安排更費力，因為如此冗長的地理課，很容易讓孩子感到無聊。但只要教師更深入的沉浸在科目之中，就能解決這個問題，且教師也能應付自由選擇的課綱。

經過對孩子來說必不可少的上午休息時光之後，隨著主課程結束，通常會是語言課程，或是主課程期間所沒有教授的其他科目。當孩子進入華德福學校一年級時，很快就會為他們介紹兩種外語。我們用自己的方法教他們法語和英語──不是為了擴大他們的外部視野，而是要豐富他們的心魂生活。

你可以從昨天所說的內容中了解到：在優律思美和體操中，

重點考量並不是有最多的身體運動練習，而是要經過適當處理，使其能夠在整個課程中發揮適當作用。同樣的，從一年級開始，根據不同年齡與階段，音樂元素會滲入所有課程。

我已經指出（不幸的是，只能簡單提及）我們的學生是如何被引導到藝術活動之中的——進入唱歌、音樂製作、泥塑等等。培育這些活動是絕對必要的，只要透過與孩子們一起練習，人們就會確切的意識到，從換牙到9歲，以及12歲直到青春期，在這些年幼的歲月裡，能正確的以音樂引導，對他們的整體生命意味著什麼。正確引入音樂元素是人類克服任何阻礙的基礎，在往後的生活中，會健全發展被勇氣所滲透之意志。音樂力量透過容許神經波動，盡可能平穩的在呼吸之流中變得活躍起來，以影響人體的有機體。反過來，呼吸之流又作用回神經系統的功能。然後呼吸節奏會作用於血液循環的節奏，又反過來作用於睡眠和清醒的節奏。這種由人智學研究所提供、關於音樂力量如何創造性的在人類結構中發揮作用的洞察力，是生活中最美妙的事情之一。

人們學會認識到，我們有一個非常敏銳與精緻的樂器，由脊髓神經與整個脊柱系統放射而出。人們也還學會了，去看這種精緻的樂器是如何變乾與變硬，因此，如果音樂教學與一般的音樂教育，無法與這美妙絕倫的樂器協調，人類的內在就不再能夠適當的培養出勇氣的特質。是什麼構成了這個真正精緻而獨特的樂

第八講
從人類的身體、心魂與靈性，看見華德福學校的運作模式

器，一方面是透過神經和感官器官，以及其功能之間的相互作用而產生；另一方面，是由人體的運動功能與消化節律的密切關係，以及與睡眠和清醒節律的密切關係而產生。

　　人的上半身想要影響下半身。透過將孩子的整個有機體引導到音樂領域，我們增強了外部聲音（來自音樂課中的鋼琴，或來自孩子的歌聲）與神經及循環系統的融合，這可以被認為是一份神聖創造計畫。這是一件崇高的事情，因為在每一節音樂課中，來自神靈與來自塵世的事物，都會產生一次會合，並在孩子的身體中升起。整個人類在地球演化的過程中，天與地會在音樂文化的每一項成就中真正的相遇，而我們應該要始終意識到這一點。這種意識，加上老師知道自己是將天上的天才，與地球的天才結合起來的工具，就能給予他們面對課堂時所需要的熱情。同樣的熱情也被帶入教師會議中，在那裡，音樂老師也許可以啟發藝術老師等等。在這裡，你可以清楚看到華德福教育的各個面向上，靈性所發揮的作用有多麼重要。

　　再舉一個例子：不久之前，某次我們在開教師會議的時候，當第一次進行優律思美練習，還有之後指導體操時，我們確實有可能做到在很大程度上去臆測學生的靈性、心魂和身體上發生了什麼事。在前幾天的教師會議上，我們真的成功達成了這種對於體操與優律思美之間關係的這種洞察（對於要如何呈現這些課程來

說，這是非常重要的）。當然，我們會繼續研究。但是，這就是如何讓教師會議變得像是流過學校的血液，且必須讓學校成為一個活生生有機體的方式。只要允許這種情況發生，其他的一切都會到位。

老師也會知道什麼時候適合散步或郊遊的課程，以及在學生的生活之中，體操的角色也會找到自然且適合的位置——無論他們上哪所學校。對於「華德福學校所做的事情可能都很好，但是他們忽略了運動」這句話的懷疑與焦慮將會消失。誠然，我們還不可能做到所有想要做的事情，因為華德福學校必須從小規模開始發展起來。只有透過克服巨大的障礙與外部困難，才有可能達到今日的狀態。當能用靈性洞察力照顧所有事情時，就可以妥善處理物質與精神關係的所有問題。

可以使用以下的比喻：正如人們要舉起手，並不需要學習手臂各種大小肌肉之間如何發揮作用（根據動力學與靜力學、生機論等規律），所以也沒有必要知道每件事來龍去脈中的每一個細節，只要我們能夠從已經轉化為老師正確態度的靈性，來尋找與呈現課程；只要我們可以適當的穿透我們所有的任務與職責的本質。

我只能給你簡單與表淺的基本原則以及推動力大綱，但這溢流自人智學研究，也是華德福學校功能的根基。而我們已經來到這門課程的結尾——主要是因為時間到了。

第八講
從人類的身體、心魂與靈性，看見華德福學校的運作模式

在這一點上，我想再次表達我在這次講座中已經說過的：**如果一個人活在心與心魂之中，懷著想讓教育在其演進的過程中，成長為全人類福祉的理想，當與來自不同地方的老師相遇時，心中就會充滿深深的感激。**你來上這門課程，是為了獲得我試圖展現在你面前、關於從人智學研究中所產生的教學方式訊息。不管這是否被參與者或多或少同情的接受了，我想表達深深的感激與內心的滿足，因為一大群靈魂會再次有可能感知到，想在最多樣化的生活分支上做什麼事，以及透過人智學來充實生活的意義為何。有兩種思想會跟隨著你，特別是那些組織與安排本講座的人——感恩的快樂記憶，以及我剛才表達內心滿足的快樂回憶。當這些想法在內心愈強烈之時——基於這種感激和滿足的工作思想——在即將到來的日子裡，希望就會愈大，這種教學可能會在全人類的利益上取得成功。對於那些已經有意願，以所有人類特質奉獻自身的人來說，這樣的希望將能夠加強他們對於這種教學方式的關愛。

我還想要說，不只華德福老師可能提供你一些他們的實踐經驗，也因為你們這些訪客的到來，必然給予他們同樣的反饋。透過允許自己見證活在我們身上的東西，也開始活在其他人的心魂中，你激起了既必要又自然的愛之輝光，唯有這樣才能激發真正的熱情。我們希望，出於感激之情與內心的滿足，希望與愛會在

這個講座之中流淌、美好果實將會成熟——只要我們對這些事情保持著必要的興趣，那麼我們的內在活動就足以支撐它們。

女士們與先生們，我親愛的朋友們，這就是我想要在道別中傾吐的，這不應該被視為是形式上的或抽象的，而是非常具體的。其中的感恩成為一種堅實的基礎，而內心的滿足則是溫暖的源泉，希望將會從那裡散發出來，帶來勇氣與力量。願付諸實踐的愛，成為全人類的教學方式，化為光、閃耀於覺得自己有責任關心全人類之教育的人身上！

從這個意義上來說，在這門課程的結尾，我願向你致以最溫暖的告別問候。

第八講
從人類的身體、心魂與靈性，看見華德福學校的運作模式

Q：是否有可能在其他國家實施華德福教學法，例如在捷克斯洛伐克？

A：原則上，在任何地方都可以引入華德福教育，因為它完全是以教育學為基礎。這是教育學與其他教育運動的顯著區別。如你所知，今天有人認為，如果要讓學生接受適當的教育，就必須將他們送到鄉村學校去，因為他們認為城市的環境並不適合兒童接受教育。還有一些人持這樣的觀點——只有寄宿學校才能為孩子的教育提供適當的條件。而還有人堅持，只有家庭生活才能為孩子提供適當的背景。以上這些在華德福教育中都不再具有真正的重要性。我不想為這些不同的態度爭論（從不同角度來看，每一個都可能有其合理的地方），但由於華德福教育完全聚焦在教育學面向上，所以可以適應任何外部條件，無論是城市學校、鄉村學校或其他。**它不是為了滿足特定的外部條件而設計的，而是完全基於對成長中之人的觀察與洞察。這意味著華德福教育學可以在每一所學校中實施。**

　　無論這是否會被允許，無論當局是否有監督教育、課程設置等等，以及是否會同意採取這樣的步驟，都是完全不同的問題。沒有什麼可以阻止華德福教育學在世界各地

應用，甚至是明天就能應用，但真正的問題是──是否能允許這種情況發生。至少可以說，這個問題只能從地方政府的各種政策角度來回答。

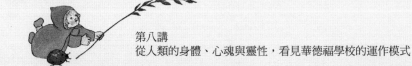

第八講
從人類的身體、心魂與靈性，看見華德福學校的運作模式

優律思美透過人體的運動，創造可見的語言

（1923 年 4 月 15 日）

　　我們想要試著再次給你一種優律思美的印象。這個藝術運動借鑑於我們過往所不熟悉的資源，並且採用一種新的語言形式。因此，先稍微介紹或許較為合適。我並非意圖要解釋表演，解釋表演是非藝術的。每一種藝術都必須為自己說話，尤其是人不應試圖對所創造出的視覺藝術形式進行詳細解釋，只需要單純的觀賞。

　　你將會看到，人在舞台上呈現出姿態般的移動，主要是使用他們的手臂和手——這是我們四肢中，最具表現力的部位——但也會搭配人類有機體中的其他部位。你會看到個別的表演者，也會看到團體的呈現，這些表演者會依特定的空間關係分布在舞台

上，並在四處移動時呈現出各種形（form）與模式（pattern）。然而，**所有動作與姿態，都不應該被視為任意或偶然的，因為它們的目的是要傳達出一種明確、可見的語言或是可見的音樂**[64]。這就是為什麼，優律思美會伴隨著朗誦及演說（例如詩歌），或是伴隨著各種音樂。

在生命的歷程中，人從出生時只能表達原初形式感覺以及感知的嬰兒牙牙學語，進步到可以發展出清晰的語言。同樣的，也有可能從日常生活中原初與自然的姿態中（我稱之為「牙牙學語的姿態」），透過整個人體組織的運動，創造出一種可見的語言形式，以發展出清晰、加強，或具有感受的語言。

因此，你在舞台上所看到的動作，並不是基於人為設計的活動，而是基於人如何說話與音樂如何形成之精確且細緻的研究（是根據歌德所謂「感知－超感官視能」〔sensible-supersensible seeing〕方法）；因為，在這種情況下，人會涉入一種姿態。而這種姿態的形不會出現在一般可見的人類有機體中，而是會出現在人所向外流出的呼吸中。自然的，呼吸總是要被引導，有部分透過在身體相關器官幫助下的人類意志之力，有部分則藉由人類思想。

64　參考：*An Introduction to Eurythmy*, Anthroposophic Press, Hudson, NY, 1984以及 *Eurythmy as Visible Speech*, Rudolf Steiner Press, London, 1984.

第九講
優律思美透過人體的運動，創造可見的語言

我們知道，在說話時，空氣會被移動。如果我們仔細研究那些在人們之間相互交流的空氣流動形式，我們將會發現，每一種聲音、每一個字的形式，以及每一個句子的結構，都會對應著一個明確、外流的空氣流動形式。

源自於人類意志領域，才能使說話之人的身上，出現更多放射狀的氣流形式，當然，如前所述，它總是得透過身體器官的作用。聲音形塑氣流姿態，以成為更具「橫截面」形式的波動——如果我可以使用這樣的術語的話——且根植於人類的思考。如果我們能看到這些移動的氣流姿態，就像我們能看到運動中之人一樣（而這可以透過感知－超感官視能來實現），我們將會呈現出人的氣流圖像，或至少呈現出人的其中一部分。在這個圖像中，我們會看到運動——流動氣流的運動。

搭配言說的優律思美，是向外表達心魂經驗

這些氣流運動正在被仔細研究。然而，不是讓喉部與其他語言器官，將氣流姿態轉化為言說（Speech）或歌唱，而是將它們轉化成由手臂、手所呈現出的姿態，或整個人的形態，以及整個優律思美團體的特定移動模式。透過這樣的排列，平常的言說或歌

唱中所發生的事情將變得可見，唯一的不同之處是，思想元素已經被排除在這些運動之外，因為思想元素總是有缺乏藝術的傾向且平淡無奇。

詩人必須與思想元素搏鬥，才能藝術性的透過語言媒介表達自己。他們必須從思想的領域中，提煉出語言所要提供給他們的東西。在某種意義上，他們試圖將思想從語言中解放出來，只留下它的意志元素，然後將其用來表達自己的心魂經驗。

這就是為什麼，我們不表達更多氣流姿態的起伏形式，這些姿態從思想中散發出來，然而這些流會向外輻射成聲音、字或句子的形式。呈現適當的優律思美運動時，將會伴隨著言說，這是一個獨特的機會，可以清晰、可見的向外表達出詩人在心魂中的經驗。

言說的藝術：讓節奏與音樂特質相遇的地方

認為人類心魂和靈性，與身體任何特定部分有所連結的信念當然是一種偏見，因為在現實中，人類心魂完全滲透整個有機體，甚至到最外層。它存在於每一件向外表現的事物中，存在於每一個身體表現之中。

第九講
優律思美透過人體的運動，創造可見的語言

詩人用他的整個存在，去體驗一首詩的意義，但嚴格來說，他們必須抑制住那些想要流入四肢的東西。誠然，真正有過這種經歷的詩人寥寥無幾。我認為，人們可以有把握的說，在詩歌藝術中產出的一切，即使忽略其中的百分之九十九，也不會在藝術領域造成太大的損失。但任何能帶來深刻體驗的詩歌，都是透過全人而遇見的，之後心魂與靈性就會傾注入個人的整體存在中。詩人試著透過想像，透過聲音的形成性、圖像性，或是透過節奏和節拍的元素，還有透過處理聲音所產生的音樂和主題，來完成詩，基本上都是透過容許讓文字的散文意義退去而達成，這時所發出的聲音就能同時表達真正的詩意和藝術。因此，要讓言說藝術能公正的對待詩人的作品，就不能把主要重點放在散文意義上——這在我們無藝術的時代中，已經變得太過流行了——應該是要專注在口語文字是如何成形。

　　在這裡所培養的言說藝術（art of speech），一直在努力做到這一點，史代納博士夫人[65]已經致力了相當長一段時間。如果在言說中，所強調的是言說文字意義，這樣的結果基本上就會是散文。因為人們相信，要聚焦在言說者的人格特質上，儘管這看起

65　編注：瑪莉・史代納－馮・西弗斯（Marie Steiner-von Sivers, 1867－1948），史代納博士妻子，也是他最親密的同事。

來很有趣且耐人尋味，但是它仍然是沒有藝術性的。藝術途徑是在於，**言說者有能力帶出各種特質，例如熱情洋溢的感覺、情感，以及在思想的情況下，透過聲音的圖像元素和可塑性來傳達思想本身**，而這也是透過不同聲音之細微差異的相互影響做到的。只關注意義，是無法達成的。為了詩意的表達出思想，思想的形式必須淡化。語言的詩意特質必須完全從言說形成的方式中找尋。

除了圖像創造的特質與言說的可塑性之外，同樣也可以在朗誦的音樂性、節拍導向與節奏等面向中找到它的精髓。在散文中，詩句會很明顯的格格不入；但這在詩歌中卻是非常必要的，因為它們提供了能讓節奏與音樂特質相遇的地方，這在言說中是非常重要的基礎。

因此，在真正詩人的作品中，優律思美已經隱匿在處理語言的方式中。因此在優律思美中，沒有人為的事物——事實上，它完全是自然的——而且至少在一定程度上，外在的表現出真正的詩人已征服的東西。詩人想要用他們的整體存在，將他們帶入塵世的化身，獻予這個世界。但是，受限於語言的媒介與使用，他們必須人為的抑制自己想用完整人類特質表達的某些面向。當透過優律思美的媒介轉化為視覺表達時，一切就又再次釋放。當聽到言說者在朗誦的同時，能在優律思美人（eurythmist）所呈現出

第九講
優律思美透過人體的運動，創造可見的語言

的移動中，看見心魂－靈性的對應（在平常，這會流入話語之中），
這時就會接收到詩人完整經驗的直接畫面。優律思美確實想要讓
這種內在可見的詩意經驗，透過動作來「彩繪空間」。

優律思美與啞劇、舞蹈之間的不同

　　如果想讓優律思美適當的作用於心魂上，必定不能將它與相
似的啞劇與舞蹈藝術混為一談。這兩者都不是優律思美。然而，
在我的話中完全沒有任何貶義，因為這兩種藝術的重要性無法以
任何方式被貶低或爭論。然而，優律思美有它自己的、明顯不同
的願望。如果它的某些姿態，呈現時接近啞劇，這種情況我想稱
之為「嘲諷情緒」，或是詩歌中固有的輕蔑，或者是為了試圖超
越給定的情況。人們可以將之對照為：某人在說話時做出歪嘴或
眨眼的動作。任何類似模仿的優律思美姿態，都需要從這個角度
來看，如果優律思美人選擇做出這些姿態，是有道理的。然而，
我指的並不是真正的啞劇藝術，而是僅指出，優律思美可能會不
知不覺染上類似於啞劇風格的奇怪場面，嚴格來說，這是不必要
的，因為會失去優律思美的純真。

　　我要說的並不是舞蹈本身就是一門藝術，而是不應該錯將

The Child's Changing Consciousness

優律思美指代為跳舞。優律思美的運動的確會轉化為類似舞蹈的動作──例如，如果有一首詩談到有人去打或攻擊另一個人，或表現出其他激烈的行為。在這種情況下，優律思美的運動（通常會完全包含在物質身體的範圍內），會變得有點像舞蹈動作。然而，如果優律思美不正確的退化為舞蹈，如果舞蹈本身侵入了優律思美的領域，會產生殘酷的影響。再說一次，我不是說舞蹈藝術是殘酷的，但如果優律思美不知不覺染上舞蹈的形式，就是被殘酷的對待。要真正欣賞優律思美，理所當然得要非常清楚說明：**優律思美不是透過暗示性動作來表達的啞劇形式、不是一種動作奢華與激情的舞蹈形式，也不包含舞蹈者的意識領域。**

優律思美的位置處於中間。它既不沉溺於熱烈或洋溢的舞蹈動作，也不使用總是傾向於智性的啞劇姿態。在優律思美中，會呈現表達以及有意義的姿態，這意味著它們擁有自己的審美與藝術效果。這些姿態既不是智性想出來的，本質上也不極端。它們既不能被解釋，也不應該讓優律思美人或是觀眾無法忍受。透過直接的線條與整體的運動模式，在觀眾的眼中，優律思美的呈現應該是令人愉悅又感到美麗的。

看見以運動表達的歌曲或音樂，也會獲得對優律思美的適當印象。很快你就會聽到優律思美呈現出的樂曲。這種音樂的優律思美（Tone Eurythmy）也不是在跳舞。假如做得適切，它在本質上

第九講
優律思美透過人體的運動，創造可見的語言

不同於任何一種舞蹈。它在歌唱，不是用聲音，而是用身體運動。正是這種歌聲所轉化成可見之運動，使人們能夠區分它與相似藝術的不同。當你看見舞台上的優律思美，將會幫助你獲得某種真實想法——而那正是我不斷談論的內容。

「人」就是優律思美最完美的藝術表達工具

優律思美才剛剛開始發展，需要很長的時間才能達到某種完美的階段。這就是為什麼，在每次演出之前，我都會要求觀眾要寬容。在早期階段，優律思美只有發展出一種面向；但是，我們添加了例如舞台燈光，以增強優律思美表演的視覺效果。這些在舞台上不斷變化的彩色燈光意圖要運作出「光之優律思美」，以服務及陪伴優律思美人的動作，這能讓整個舞台畫面，實際上變成一種優律思美的呈現。然而，毫無疑問的，在未來幾年之中，優律思美的舞台呈現在許多方面都將獲得改善。

人們可以對完善的未來充滿信心，因為優律思美使用了可以在任何藝術表達上的最完美工具，也就是「人」。人是一個小宇宙，在小小的身軀中有一整個世界，包含了宇宙所有祕密與本質的法則。正因如此，如果人類有機體所提供的所有潛能都可以完

全實現，那動人的優律思美人，將根本的呈現出所有宇宙祕密與法則，真實且藝術的圖像。啞劇藝術只使用了人類的一個面向，其他的藝術也一樣，它們也用各自的方式，將人類個體視為一種工具。可以說：優律思美不依賴外在樂器，也不依賴人的任何一個部分，而是將人類實體，特別是最具表現力的成員——即手臂和手——轉化為可見的語言與可見的歌曲或音樂。

　　人們可能會希望，當充分發展優律思美本質的可能性時，這個最年輕的藝術找到自己位置的這一天終將來臨，憑藉著自己的力量，能與舊有的藝術並列。

第九講
優律思美透過人體的運動，創造可見的語言

Q：**關於朗誦與優律思美。**

A：很遺憾，在多納赫發展朗誦藝術的史代納博士夫人這幾天生病了，因此無法提供朗誦的例子[66]。重點是：優律思美要求人們復興在過去時代（比起我們現代），更傾向於以藝術途徑的言說，所培養的「演講」（recitation）與「朗讀」（declamation）。我們這個時代幾乎失去對藝術精益求精的敏銳度，例如今日的人們很難理解，為什麼歌德與演員排練他的抑揚格戲劇（iambic dramas）[67]時，會像音樂指揮一樣的使用指揮棒。在我們這個時代，在演講與朗讀中——兩者必須嚴格區分——首要考量通常是散文的意義。至少，自從1890年代以來，有一種強烈的趨勢是：將言語的藝術形塑分配到次要位置，而詩歌的散文意義，則被認為是最重要的。然而，言說的本質必須在聲音的想像形塑，在詩句的結構、音樂和主題的處理、節奏、節拍和旋律的主題中看見，這一切都是詩歌的基本面向。透過這樣的方式處

66　與史代納博士合作期間，史代納博士夫人發展了歌德舞台藝術（Goethean stage arts），也就是言說形式與優律思美，請參考：*Sivers, Speech and Drama*, Anthroposophic and Rudolf Steiner Press, Hudson, NY, 1959。

67　編注：抑揚格為格律詩的音步（音步是詩歌中的基本節奏單位，是詩的韻律的基本單位），而抑揚格則由一個輕讀音加上一個重讀音組成。

理言說，它們都必須提升到更高的水平，而不是僅有散文的意義而已。

近代以來，人們對於言說之藝術元素的感受，已經完全衰退——我們目前的一些文化現象中可以證實。例如，我相信今天沒有多少人還記得或是注意到，著名的柯蒂斯（Ernst Curtius）教授最初是在柏林大學擔任講座教授。他一直在講述藝術史與其他相關的科目，但這些都不是他最初從事的領域。事實上，他的大學工作是從「口才的教授」開始的，他真正的任務是講授修辭學。但是人們對這個主題的興趣逐漸減弱，以至於最後他幾乎沒有必要繼續講授，所以就悄悄的溜到另一所大學擔任講座教授。類似的症狀在今日常常會遇到。

如果要恢復言說的藝術——最好是以更敘事風格的形式，或類似於古希臘人發展出的詩歌——也會復興朗讀的藝術（這是古老日耳曼詩歌的基礎），因此有必要在言說的形塑上做一些事。這就是關鍵。

我不知道為什麼會提出這個問題，但重要的是，人透過處理言說的方式，實現了在散文中透過詞義所達成的目標。在這裡所要強調不是散文的意義，而是不同聲音彼此

第九講
優律思美透過人體的運動，創造可見的語言

相互跟隨的方式，或者是押韻、頭韻[68]與韻律的使用（換句話說，就是語言的形塑元素），也必須像「強調散文意義」在今日所取得的成就一樣，被引導出來。

演講，與語言的長短以及可塑性有密切相關。它的特質是透過延長或縮短音節來實現，這在民謠中特別重要。另一方面，在朗讀中，透過將音高轉換為更高或更低的聲調來創造出特定的特質。（提問者注意到，「greeting」這個詞，第一個和第二個音節的讀音相同。）這不是藝術問題，而是解釋的問題。這完全取決於說話者是否要在第一個音節上加重，或是兩個音節都一樣。換句話說，就是：「Tell her I send *greet*-ings」或是「Tell her I send *greet-ings*」的差異。

Q：這不會改變押韻的輕重嗎？

A：只有當人們忽視必須相應調整其他音節時，才會發生這種情況。這完全是語氣的問題，而不是如何處理言說。

68　編注：西方詩歌的一種押韻形式，一篇韻文或一首詩好幾個詞的頭一個字母發音不斷重複，形成韻律。

Q：人在解讀時有內在法則嗎？

A：不，必須保有人們解釋的自由。完全有可能以朗讀與演講的方式，藝術性的呈現同一首詩。要保有不同觀點的空間，就像能以多種方式解釋音樂作品一樣。處理一首詩的方法不止一種，重要的是它的內在本質，因此無論是演講還是朗誦，人都不再有使用喉嚨的感覺，而是用空氣說話的感覺。在演講中，最重要的是要培養出能將空氣塑形的天賦。唱歌時人會將空氣塑形，而演講時必須有同樣的傾向，但在言說的時候，旋律已經在聲音中了。必須透過處理言說，而非透過其中的意義來帶出本質。在這樣的語境中，考量席勒[69]在寫最重要的詩歌時所發生的事情，會有幫助，也就是說：在他的心魂中有一個大概的旋律，這樣他就可以依照這個旋律寫出他在找尋的文本。一方面，人必須透過音樂元素；另一方面，則透過語言的形塑與繪畫特質，以達成「表達本質」的目的。

69　席勒（Johann Christoph Friedrich von Schiller, 1759－1805），德國詩人、劇作家、評論家。他曾經擔任過外科醫生與歷史學教授，並與歌德成為朋友。

第九講
優律思美透過人體的運動，創造可見的語言

Q：在舞蹈藝術中，不同舞者有不同的風格。想必優律思美沒有這樣的情況——或者是它的動作不會總是一樣？

A：如果你看過很多場優律思美，不太可能會這麼說！假設你朗誦了一首詩，而另一個人朗誦了同一首詩。即使你以同樣的方式處理這首詩，從藝術角度來看，仍然會有兩種不同的音域等等。這種差異在優律思美中會非常強烈，你很快就可以感知到不同優律思美人的個體特徵，且這些差異是存在的。而如果它們還沒有變得更明顯，只是因為優律思美的發展還不足。當優律思美已經進階發展到「優律思美人是真正與他們的藝術融為一體」時，就會發生這樣的情況。然後，更個人化的詮釋將會變得更明顯。

當然，在優律思美中，所有動作都建立在基本法則上。你可以在言說中找到相似之處。如果我想說「man」，就不能說「moon」。我不能發「oo」的音，而是要發「a」的音。因此，優律思美人必須為「a」做出適當的優律思美姿態，但優律思美的潛在法則，仍然允許在帶出個人解釋上保有各種可能性。我們在這裡不關心迂腐或刻板的動作。你也將看到，練習優律思美的初學者與已經練習多年的人之間有著巨大的差異，不只在動作技巧上，還有所展

現出的藝術性上。同樣的，與生俱來的藝術天賦也是可以清楚感知到的，甚至會比其他藝術形式還明顯。

　　優律思美本質上是建立在人類有機體上面的。人類有機體的融入——就像繪畫等其他藝術一樣——使得它不是被理性的吸收（儘管是有意識的），而舞蹈則會進入到情感的領域。在那裡，可能會出現其他困難。舞蹈並非真正純粹的藝術，但優律思美已經是一門藝術了。

Q：**有參與者表達想要成立協會的願望，以便在瑞士開設華德福學校。在各種討論之中，有人提出了優先考慮重建歌德館與創辦瑞士華德福學校的問題，因為要實現這兩個計畫似乎完全不切實際。**

A：不只在瑞士的人智學圈中，還有對世界上更廣大的人智學圈來說，重建歌德館是理所當然的事情。在它聳立的歲月裡，歌德館逐漸被視為是整個人智學運動的中心。世界上大多數的人智學家，幾乎都深信歌德館會重建。而要實現這個目標的障礙只會來自於瑞士當局，不可能有其他障礙。除非當局不讓我們這麼做，否則歌德館肯定會重建。

　　另一方面，在歌德館仍聳立的時候，人們感受到至少

第九講
優律思美透過人體的運動，創造可見的語言

得要開辦一所小學校[70]。就本質而言，任何源於人智學推動力的躍動，必須得在生活中實際應用。如你所知，有許多其他實踐活動都是人智學工作的成果（例如醫學領域）——提及這一點只是為了說明。

關於是否能做到人智醫學，我還必須規定：如果有人想要在人智學研究的基礎上從事醫學工作，那麼希望獻身於這項工作的人，就必須透過個人護理與患者保持聯繫。這就是我們為什麼在瑞士阿爾勒斯海姆（Arlesheim）和德國斯圖加特開設醫院。這只是一個例子，說明：如果人智學有任何開展新走向的推動力，那麼這些機構是從純粹的需求中產生的。因此，在建造這所與歌德館有密切相關的附屬小學校上，我們應該要繼續努力，也就做到了唯一做得到的事情。我們之所以要開啟這所學校，是因為有些父母相信華德福教育的正確性，所以想把孩子送來我們這裡。這些孩子只有在地方當局的干預下，才會從我們身邊被帶走。由於瑞士法規限制，即使建校規模較小，也無法做到在斯圖加特可以做到的事——因為斯圖加特的教育法規限

70　「進修學校」（Fortbildungsschule）於1921年開設，提供給歌德館的孩子與員工。然而，由於瑞士索洛圖恩州（Canton of Solothurn）不允許開設給兒童的私立學校，因此該校再度被迫關閉（該法令要到1976年才被廢除）。該校在往後重新開設時，僅提供給14歲以上的學子就學。

THE CHILD'S CHANGING
CONSCIOUSNESS

制比較少，所以我們可以開設華德福學校。

在這個方面，世界發展已顯現出一些很奇怪的特徵。請不要認為我想透過這些話，試圖推動保守或復古主義，但真實的情況是：就教育而言，在自由主義不存在的時代才會保有更大的自由——更不用說民主了。只有在自由主義和民主的時代中，缺乏自由才能悄悄的潛入。我甚至認為，缺乏自由與自由主義，或缺乏自由與民主，肯定不是相互歸屬的，但在歷史的進程中，顯示它們彼此有著緊密的連結。而所有教育系統也是最不自由的（我應該說「在這個文明世界嗎？」），最不自由的地方是被許多西歐的「民主人士」視為天堂的——蘇聯。在那裡，透過最極端的「民主」（如其所稱），自由被根除了，而其所建立起來的教育系統，讓人的自由與活動顯現為一種諷刺。

回到我們的問題上：我想要強烈的強調，重建歌德館是必要的，且只有外部環境才能阻止我們。無論如何，我們都應該要為之爭取。理所當然的，認真對待人智學的所有人，都將堅定的追求這個目標。一旦確定了官方事項，我們就一定會朝向這個方向做出各種努力。如果人們不依理論方式前進，那一次就只能邁出一步。當然，我們可以做出各種決策以及各種計畫，但**如果人們能堅定的站在現實基礎上，而且也只有在確保實際的基礎夠強大時，才有**

第九講
優律思美透過人體的運動，創造可見的語言

可能做得到。

自然的，理想的解決方案會是建造一座新的歌德館，以及建造一所華德福學校，就能自然補足整體開啟靈性與社會生活的東西。但要以這種方式前進，首先必須克服這個國家既得利益者所設置的障礙。就我而言，我深信只要能找到足夠多的人——而在這裡，我考慮的不是人數——當他們都認為這樣一所學校是必要的時候，最終就能開辦。毫無疑問，人們將會找到實現的方法與手段。關於歌德館的建設，事情就不那麼簡單。要從瑞士的意志力中實現這個目標——如果我可以這樣說的話——並不是那麼容易。這是一個國際努力與合作的問題。

而小學是從各種民間文化中產生的，在這種情況下，除了親愛的瑞士朋友和來賓，我們的華德福老師與我，或是任何人，在這件事上都沒有發言權。正因為如此，我們覺得有必要多了解他們對這一點的感受與態度[71]。

71　這句話引起了意見交流。早在1923年1月，為了回應史代納博士的建議，而成立了「瑞士自由教育協會」（Swiss Association for Freedom in Education），為了在瑞士巴塞爾（Basel）成立華德福學校。史代納博士積極參與該協會的籌備，並且成為了領導者，也朝著開辦學校努力著。他與史特芬一同拜訪巴塞爾的教育署長，以闡明各種現實問題。同時，史代納博士也請求樞密院豪瑟議員（Hauser）的合作與幫忙。最終，巴塞爾華德福學校於1926年開辦——大約在史代納博士逝世後一年。而第二座歌德館也按照史代納博士的模型，於1924年開始建造，並於1928年完工。

透過自己的經驗，讓華德福教育更自由的傳遞給世界

各講座成員進一步發言後，史代納博士被要求說一些話總結。

我們的主席認為，我應該說幾句話來總結。我們的尊貴訪客在這段期間聚集在這裡，我要對你們最美好的意志與意圖，表達內心最深的滿足。而我必須說，每當我們有像這樣聚在一起的活動時，都是一件快樂的事，因為這能使那些參與講座的人意識到，在多納赫這裡培育的東西，與目前許多人的錯誤說法截然不同。如果有足夠多的人能透過自己的經驗，意識到在多納赫，有多少真實發生的事情被以訛傳訛，那麼時機就會到來，我們在這裡所談論的意圖將能更自由的傳遞給這個世界（無論一開始有多麼微小）。

當然，並不是每個人都能夠清楚感知到，在多納赫所發生的奇怪扭曲現象。有時人們會忍不住對這裡的公眾所表現出的道德缺失、對公然扭曲與偽造的普遍漠視感到驚嘆，這真的是不道德的領域。人們不禁要問，這種扭曲事實的情況，怎麼會被如此冷漠的接受。事情已經發展到這樣的地步，當有人談到這個話題時，人們幾乎都會對此感到難以置信。

就在昨天，有人提到了一位在瑞士擁有大量聽眾的人。在今日，如果有人覺得需要申明「這位名人散布這些批評是假的」，幾乎無法引起人們的注意力──這個名人甚至在我的書《走向社會更新》（*Towards Social Renewal*）出版之前（也就是說，在他讀到書中的任何一個字之前）就批評了這本書。這就是今日在考量道德問題時，普遍的冷漠

有多麼巨大與廣泛。透過這種冷漠，這些負面影響就積聚了氣勢，而這樣的情況正急速加劇中。

大約在兩年前，有一件事被反覆提及：有一位神學家在瑞士寫了一本小冊子，裡面印著奇怪的文字，說：「在多納赫將會豎起一座木雕——這已經可以在工作室中看到——上半部刻著路西法的特徵，而下半部則是動物的特徵[1]。」事實是，這個雕塑主要展示的是基督的理想形式，而下部的雕刻仍然未完成。當有人詢問這本小冊子的作者時，他就宣稱自己只是從別人的作品中，抄了這段冒犯的文字——儘管這本小冊子的作者是瑞士的知名人士，但依然如此！這件事好幾次引起了我們這個圈子的注意，而且必定有決定性的影響。但是，由於人們普遍對道德問題漠不關心，我們的話就被置若罔聞，這樣的案例無法傳遞到最廣泛的圈子中。這個例子，就可以說明這種透過傳播非事實與嚴重不正確的事情，來歪曲人智學以及當中每一件事的傾向有多麼強大——甚至還有名人。

好吧，這可以繼續講下去，但我擔心，假如要告訴你哪怕是一小部分的謊言——關於在外傳播有關人智學的謊言——我們可能日出之前都還回不了家，自然的，我們都不想這樣。然而，既然情況是如此，就必須再次指出：與多納赫有關的謊言，正以最不正當的方式在傳播，加上因為大眾對這些歪曲的事實漠不關心，所以在這裡的每一件事都變得如此困難。我不是要乞求你為多納赫辯護——絕非如此。然而，這一切都具有真正的意義。

很多人抱持的觀點是，人必須擁有完整表達意見的自由。當然，每個人在個人觀點上都擁有這樣的權利，而且沒有人比我更支

1　這個未完成的雕像被史代納博士稱為「人類的代表」（The Representative of Humankind），當第一座歌德館被燒毀時，這座雕像仍然放在歌德館的工作室。今日我們可以在第二座歌德館的小組房間看到這座雕像。

持這個觀點。每個人都必須擁有個人意見以及表達的自由，這是理所當然的。但是任何人都不應該在還沒有聽到適當與具權威性的答案前，就在這個世界上散布謊言。而散布謊言，會對世界造成最大的騷亂。我們在多納赫必須應對最困難的事情之一，就是讓人們看到這一點。我們有非常多好朋友，但是捍衛真理（透過糾正從多納赫散播出去的謊言）的熱情尚未變得非常強大。與這些事情有關的困難，比人們想像得還要大。

　　例如，在不久前，我面臨著大量針對我個人的謊言，且都是不真實的評斷。在這樣的特殊的狀況中，去糾正人們基於這些謊言可能形成的判斷，對我來說是非常重要的，我問：「如果為了反駁這些謊言，我在短時間內，運用內容清晰、簡明扼要的文字，提交可以快速且容易閱讀的書面證據，那將會發生什麼事？」答案是：「這些情況不會有任何改變。」在這裡，你可以看到一些困難的跡象，可以說，這就是我們問題的根源。糾正有關於多納赫且散布於各地的許多謊言，當然是一件最理想的事情。如果能降低各地的懷疑程度，那要為創建瑞士學校協會籌集資金，就不會那麼困難。只要人們不把實際的事實與謊言一併看待、只要那些不只能區分真相與虛假，還願意為真相挺身而出的人還不夠多，我相信這種缺乏信任的情況還是會持續下去。

　　事情發展到這樣的地步，最近我不得不對一些人說：「為了澄清與人智學相關的謊言，將會對我們帶來最大的傷害，因為如果關於我們的謊言是正確的，我們就不會那麼不受歡迎了。在這種情況下，人們可以毫無顧忌的詆毀我們。但是那些站在多納赫與人智學謊言背後的人都非常清楚，他們是在散布謊言。因此，證明他們錯了，將會帶給他們最大的不舒服。」有關個人的事情也可以這樣思考。我讓你們知道這樣的情況，不是為了再講一遍，而是把這件事

看成是「光所造成的影子」。為了使光線有適當的亮度，必須有一些陰影。光線愈亮，伴隨的陰影就愈暗。

我把這些東西呈現在你面前作為正向的那一面。而正是因為他們的存在，所以你們相信我，看到你們之中有這麼多人在今晚談到自己深切期望能為這個事業做點事情，讓我更加高興。向你表達我由衷滿足的同時，我也希望把光放在陰影旁邊，正如我說過的那樣，把它呈現在你的面前只是為了要讓光更明亮。因為我們有這麼多尊敬的訪客，言語中表達對我們人智學事業如此深切的關懷，所以這盞燈也特別明亮的閃耀著。

華德福全人教育系列 經典圖書

尊重孩子的天性本質、用最貼近自然的方式，
提供最豐富、完整的感官教育。

《華德福經典遊戲書》

金‧約翰‧培恩／著；
華德福媽媽 姜佳妤（小魚媽）& 李宜珊／譯

★根據孩子的能力發展，架構出最完整的華德福
　教育經典遊戲全解書

本書運用清晰的圖像、實用的活動分享，並且讓讀者與回憶
對話，勾勒出孩子的遊戲。作者慷慨的提供超過 230 個經典
遊戲規畫，並且依照孩子年齡層，讓不論老師、家長、共學
團體、教育者……都能根據孩子的成長狀態，提供最完善、
合適的遊戲。這不只是一本提供遊戲規畫的書籍，更是讓所
有大人小孩，都能尋回生活中歇息、暫停的那枚生命休止符。

《華德福簡單教養練習書》

金‧約翰‧培恩／著；舒靈／譯

★三階段華德福教養，以溫柔、堅定的引導，回
　歸緊密、安定的親子關係

在生活步調快速的時代，我們都收到過多的專家建議、不斷
的追求「流行」的教養方式，卻遺棄了父母應有的自尊，讓
孩子失去對我們的信任。當孩子感受到生活有太多瑣事，失
去了安定、安詳的步調，就會用吵鬧、不聽話、無理取鬧的
反應向我們發出求救訊號。擁有多年教育經驗，父母教養的
靈魂導師──金‧約翰‧培恩博士，在你對教養迷茫時，帶
你找回教養的方向，陪伴孩子走過最艱困的親子之路。

《童年》

卡洛琳‧馮‧海德布蘭德／著；
謝維玲／譯；徐明佑／審定

★從「風、火、水、土」四種氣質，看見孩子
　的真實內在、給予最完整的身心靈引導

孩子的成長需要我們在適當的時候提供輔助與引導，也需
要我們用欣賞的眼光看待他們的真實內在：靈活而沒有耐
心的「風向孩子」、敏感容易受傷的「土向孩子」、脾氣
暴烈而堅強的「火向孩子」、溫柔但緩慢的「水向孩子」。
全球第一所華德福學校教師卡洛琳‧馮‧海德布蘭德，彙
集 20 年教學經驗，提供充滿活力與藝術性的教學方式，
讓孩子的心靈不會因為乏味的學習而枯竭，也不會失去兒
童時期的創造力。

《華德福教育的本質》

魯道夫‧史代納／著；李宜珊／譯；成虹飛／審定

★教育不能只注意到兒童時期，必須要將一個
　人完整的一生都考量進去

華德福教育創始人——魯道夫‧史代納博士，在《華德福
教育的本質》中，完整探討幼兒至兒童的身心靈發展歷程，
精準的描述兒童在算術、語言、音樂，透過圖像的學習概
念。教育不只是傳授知識，而是透過身、心、靈，全方位
發展的生命歷程。而魯道夫‧史代納博士依循著最貼近孩
子心靈成長的方式，給予最適切的教育建議。

《如詩般的植物課》

查爾斯・科瓦奇／著；新竹人智學會／譯

★將植物比擬孩子的成長歷程，充滿詩意、哲理、人文關懷的植物學

啟發全球無數華德福教育工作者──英國華德福教師查爾斯・科瓦奇在《如詩般的植物課》中，帶領我們用人文與哲理的方式認識身邊的植物以及與植物緊密連結的生物，這本書不僅僅啟發全球無數教師，透過科瓦奇溫暖而又充滿想像力與詩意的敘述，也能讓我們每一個人深深愛上所居住的這片土地，看見人類與動植物之間最親密的連結。

《如詩般的動物課》

查爾斯・科瓦奇／著；新竹人智學會／譯

★將動物比擬為人類身軀型態，從情感連結重新認識自然界

《如詩般的動物課》運用最美的類比、充滿詩意的文字，以及彷彿古希臘哲學家般的哲理，帶領我們從不同的角度看見動物世界。因為對人類來說，動物並不僅僅是生物學上的分類，而是與我們共同生存於這片土地、不可缺少的一分子，用一個個生動的故事帶出動物與人類交織出的溫馨互動。

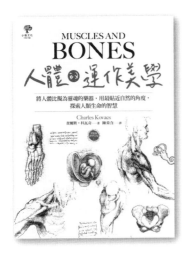

《人體的運作美學》

查爾斯‧科瓦奇／著；陳柔含／譯

★**看見人體的智慧，探索大自然創造最精緻的人體結構**

當我們將靈魂視為一位音樂家，將頭部、四肢等人體部位視為靈魂的樂器，人類的生命便成了靈魂所演奏出最和諧的樂章。《人體的運作美學》帶我們從藝術與自然的角度學習人體結構，讓認識人體的過程不再是一門冷冰冰的科學，而是一場探索生命全貌與人體智慧的藝術之旅。

《如詩般的天文與地理課》

查爾斯‧科瓦奇／著；王乃立／譯

★**從身邊的石頭、山巒，看見隱藏在身邊的土地生命**

我們都知道，地球歷經了千百萬年的活動，才變成現在這樣。但是，要怎麼知道那些活動的歷程呢？山，會告訴我們。山不會說話，但是山上的岩石種類、分布以及磨損的痕跡，都可以告訴我們，它曾經接受過哪些考驗。不論是石頭、山脈、河川、星空，都有自己的故事。只要我們願意仔細去觀察、解讀，就能發現它們曾經的經歷。

《故事是教養的魔法棒》

蘇珊・佩羅／著；張書瑜／譯

★讓故事的風吹進孩子的心靈，就能改變孩子的行為問題

孩子介於想像與現實之間，他們輕易的穿梭於兩個世界，也因此，當我們運用故事的力量與孩子溝通時，比起說理與責罵更有成效。澳洲華德福資深教師，也被稱為「故事醫生」的蘇珊・佩羅，累積 30 多年教學經驗與故事創作經驗，寫下了華德福經典教養指南──《故事是教養的魔法棒》，替那些因為孩子行為問題所苦惱的家長，建立了一座溝通橋梁。

《每當孩子傷心時，故事是最好的陪伴》

蘇珊・佩羅／著；王聖棻、魏婉琪／譯

★讓故事的風吹進受傷的心靈，撫平孩子的失落與傷痛

生命成長過程總會面臨某一些失去──喪親、失去心愛的物品、寵物過世、失去家園……而這些失落，又帶領著我們繼續成長。然而，受傷的心靈需要撫慰，但是身為成年人的我們，卻又常常不懂該如何陪伴孩子面對失落的哀傷。「故事醫生」蘇珊・佩羅，帶領我們一起創造獨屬於孩子的故事，讓故事陪伴、撫平童年的傷痕。